无畏

的组织

THE FEARLESS ORGANIZATION

[美] 艾米·埃德蒙森 Amy C. Edmondson ◎ 著

刘娜 薛阳 ◎ 译

人民东方出版传媒
People's Oriental Publishing & Media

东方出版社
The Oriental Press

图字：01-2019-5869 号

The Fearless Organization: Creating Psychological Safety in the Workplace for Learning, Innovation, and Growth by Amy C. Edmondson

© John Wiley & Sons, Inc.

All Rights Reserved. This translation published under license with the original publisher John Wiley & Sons, Inc.

中文简体字版专有权属东方出版社

图书在版编目（CIP）数据

无畏的组织：构建心理安全空间以激发团队的创新、学习和成长／（美）艾米·埃德蒙森（Amy C. Edmondson）著；薛阳，刘娜 译. —北京：东方出版社，2020. 11
书名原文：The Fearless Organization：Creating Psychological Safety in the Workplace for Learning，Innovation，and Growth
ISBN 978-7-5207-1532-4

Ⅰ.①无…　Ⅱ.①艾…　②薛…　③刘…　Ⅲ.①组织管理学—研究　Ⅳ.①C936

中国版本图书馆 CIP 数据核字（2020）第 086722 号

无畏的组织：构建心理安全空间以激发团队的创新、学习和成长
(WUWEI DE ZUZHI: GOUJIAN XINLI ANQUAN KONGJIAN YI JIFA TUANDUI DE CHUANGXIN、XUEXI HE CHENGZHANG)

作　　者：［美］艾米·埃德蒙森（Amy C. Edmondson）
译　　者：薛　阳　刘　娜
责任编辑：申　浩
出　　版：东方出版社
发　　行：人民东方出版传媒有限公司
地　　址：北京市东城区朝阳门内大街 166 号
邮　　编：100010
印　　刷：北京文昌阁彩色印刷有限责任公司
版　　次：2020 年 11 月第 1 版
印　　次：2023 年 9 月第 4 次印刷
开　　本：880 毫米×1230 毫米　1/32
印　　张：9. 5
字　　数：180 千字
书　　号：ISBN 978-7-5207-1532-4
定　　价：78. 00 元
发行电话：(010) 85924663　85924644　85924641

致乔治

满怀的好奇心和激情使之成为一位伟大的科学家和领导者——他也清楚地知道， 恐惧是成就伟业的敌人。

目　录

第一部分
心理安全的力量

第二部分

工作中的心理安全

第三部分
创建无畏的组织

序

"无畏的组织"可以帮助成员获得
"情绪自由"

房晟陶

　　一张可以忍气吞声的脸，是上一代很多"职场成功人士"的标配。为了金钱自由，忍气吞声算个啥？等到自己出人头地了，我再加倍偿还。

　　可是，新一代普遍忍不了那么长时间了。

　　不是说他们不喜欢金钱自由。金钱自由仍然很有吸引力。能够给成员带来金钱自由的企业和领导者仍然非常值得尊重。不过，优秀的企业和领导者必须意识到，大家的要求和标准正在缓慢甚至是不可逆转地提高。

　　新一代要求的是"金钱自由+情绪自由"。从某种意义上说，追求"情绪自由"已经是个新的"时代精神"。

　　不能理解"情绪自由"这个追求的企业和领导者，虽然可以继续使用"金钱自由"作为核心管理思路，但会发现其效力大不如前。

　　什么是情绪自由？它不是指"可以随意发脾气的自由"，

也不是指离群索居的、逃避性的情绪自由，而是指入世的、在一个群体中的、在一个组织中的情绪自由。

具体来说，这种在一个群体中的、在一个组织中的情绪自由包括：

1. 免于来自领导、公司的直接情绪伤害；
2. 个人情绪被尊重和允许（比如可以表达，可以争吵）；
3. 成员在这个组织环境中更容易产生积极情绪；
4. 个人不会滥用自己的情绪，即不伤害他人的情绪自由。

哪些是"追求情绪自由"的表现？如何用"情绪自由"的视角去理解这个时代很多的变化？

"我要干我喜欢干的事"，即使不被理解，即使没有那么多钱。有些人会用"使命驱动""追求自我实现"来表达，但本质上就是要干自己喜欢的事、想做的事。干自己喜欢的事、想做的事能带来情绪自由。

不是每个人都有机会、有条件去干自己喜欢的事。甚至，很多人也不知道自己真正喜欢什么。但是，很多人都知道自己不喜欢什么（因为情绪会告诉我们）。与其去干自己不喜欢的事，我宁愿宅在家里，宁愿佛系。这样，我至少会有情绪自由。少拿职业发展来激励我替你卖命，也别想用竞争机制或恐惧来操纵我。没钱的时候，看在钱的份儿上，我可以暂且忍一下。但是，你可以得到我的身，却得不到我的心。

企业和领导们会发现，新一代轻易不会给出"忠诚"。很多员工已经受过了各种"成功故事"的教育。他们发现，在无数的成功故事中，大家拼命努力，帮助老板实现了金钱自由，但也顺便帮助老板获得了"对员工颐指气使"的自由，可是员工们在这个"成功企业"中反而失去了情绪自由。用失去个人情绪自由的代价，换来一点点金钱自由？值得吗？越来越多的人算不过这个账来了。

以上这几个变化结合在一起，我们会发现，越来越多的人不再想成为被正式组织的条条框框所限制的"员工"。越来越多的人都想用"商务关系"代替"雇佣关系"，用"成员"代替"员工"（所以本文用"帮助成员"，而不是"帮助员工"作为题目）。我宁愿少挣一点，但是，这种"商务关系"所带来的自由感、平等感，会给我带来情绪自由。

于是，传统的科层制组织也会越来越穷途末路。科层制组织不把人当作全人对待，只需要人的一部分（脑子+身体），不善于提供滋养人心灵的情绪环境。其中，最让人难受的就是以权力来分配情绪权（比如，只有领导可以发脾气，下属只能"孝顺"）。追求情绪自由，在某种程度上就是在追求情绪权平等。我们可以在职级及决策权上是不平等的，在薪酬收入上是差距巨大的，但是在情绪上，我们要平等。

我们还得认识到，随着女性在职场中的进一步强大，对情绪自由的关注和接受也变得更加必须。传统的科层制组织，非常男性甚至男权主义，对女性非常不友好。这些企业经常用军队作为类比和学习对象，视情绪为弱小和女性化的，竭尽全力去扼杀。女性对这种现象会越来越难以容忍。

再有，很多公司提供的服务都需要依赖"情绪劳动者"，这样才能为客户提供优质的服务。这种行业的公司，对于情绪自由的要求就不仅仅是个组织环境需要，而是个战略需要了。

对以上这些变化缺乏敏感和认知的企业及领导者，很容易陷入委屈和茫然的情绪中：我这么做明明是对你们好（帮你们实现金钱自由），你们偏偏不领情。殊不知，你出于好心给兔子吃蜂蜜，给狗吃胡萝卜，那就是严重的错配，肯定是费力不讨好。

用"情绪自由"的视角去理解这个时代的变化，你会豁然开朗。

金钱自由+情绪自由，一个偏硬，一个偏软。

金钱自由虽然很刚性，却难以立即被满足。但是，情绪自由的满足可以不用等。所以，情绪自由这个需求，一旦普遍出现，就很难被遏制。

对情绪自由这件事，更好的策略是理解和疏导，而不是硬堵。

换一个角度看，重视情绪自由是个非常积极、正面的事，是经济发展水平提高的体现。如果饭都吃不饱，当然就没有追求情绪自由的条件了。情绪自由，至少是社交和尊重层次的需求（金钱更多是胜利和安全的需求），对很多人来说情绪自由甚至是部分自我实现的高级需求。

从社会的角度看，越来越多的人都已经深刻地认识到了父母的情绪对于自己一生幸福的关键影响。他们明白了，父母的良好情绪，是对下一代最好的馈赠。所以，他们必须让自己有更好的情绪，让他们的孩子能在情绪自由的环境中健康成长。

这难道不是一个值得庆祝的进步吗？优秀的企业和领导者必须拥抱这个变化，去创造能给成员带来情绪自由的"无畏的组织"。

在下一个时代里，那些能帮助成员实现"金钱自由+情绪自由"的企业，才会吸引到更多优秀的人才，才能得到成员的一部分心（注意，也只是一部分）。

透明、坦诚、没有恐惧，这些都会让成员更加情绪自由。

当然，比透明、坦诚、没有恐惧更底层的价值观还是善意与爱。

在这样的企业里，个人也会变得更加积极阳光，更加正能量，生命质量更高。

译者序
"心理安全"是一种组织穿透力

刘娜

沉默是金?

2011 年我在一家百年美资重工企业做亚太区组织发展顾问，接手的第一个项目是给我们收购的一个四千人的国企改制的工厂做文化诊断。这家国企作风非常老派，很多人连英文都不会说。而我们派来的人都是外企范儿，老外做总经理，带着一批外企的人马来坐镇。作为总部的第三方组织发展顾问，我刚到这个工厂观察时，第一印象就是太"安静"了。整个工厂几千人，竟然静悄悄的，没有一点声音。这是一个活力型团队才怪！反过来当我们一对一访谈的时候，因为我们是第三方顾问，大家还是有很多话表达的，包括他们的顾虑。但是当大家坐在一起的时候，所有人都不说话，全看着老板，等他发话。我那时候入行不深，不是很懂什么团体动力、心理安全的理论，就是觉得太奇怪了，大家明明有很多好点子，怎么就不敢说呢？

麦克·格雷戈有一个著名的 Y 理论。在此之前，传统的 X 理论认为人们工作本性是被动的，所以应该以"计件工资"等形式加强监管；Y理论认为人们工作本性是主动的，所以只要采取以"内在奖励"为主的重精神、轻物质等方式，就可以激励人们的工作积极性。这里完全可以套用这套理论解释。原来的国企是在一个特别传统的管理体系之上建起来的，管理层还是抱着胡萝卜+大棒的方式管理员工，员工平时都不敢说话，生怕说错了会被老板批评；而外企来的这批人到了这里，变成了"少数人"，也不敢轻言。于是沉默就变成了一种流行病，让整个工厂变得死气沉沉。这变成了房间里的大象，没有人敢指出来。而当我们把这点跟这家工厂的外籍总经理点出来之后，他特别激动地说："我真的再也无法忍受这一点了！这里太沉闷了！"

这样的例子到处可见。之后我在很多家企业里工作过，也给很多不同行业的客户做了众多的项目。我发现这种职场中的沉默已经蔓延到各行各业、各个层级中，无论是新兴行业还是传统行业，无论你是职场"老妖精"还是职场新手，都有机会看到。

"心理安全"是一种组织穿透力

我是在2018年看到《无畏的组织》这本书的英文原版书的，当时心里一震，仿佛被什么击中了。我深深地被书里一个又一个案例打动。《无畏的组织》这本书生动地阐述了面对问题和挑战时沉默的危害。

　　我曾经有很长时间研究组织的时候想不通的是，如果说企业是一个理性的大型机器的话，那么又如何解释我们犯下的一个又一个愚蠢的、非理性的错误？而在书中我看到，每一个愚蠢、贪婪的背后，有一个巨大的未被开发的能量场，那就是敢言建言的动能。

　　在过去改革开放的四十多年里，我们一路高歌猛进，GDP以6%~7%的速度快速前行，很多企业也跟随这个大势受益颇丰。而当2019年开始不得不一切都慢下来之后，组织的问题开始凸显。而2019年这一年，也成为一个分水岭，因而很多人会说2019年是过去最差的一年，未来最好的一年。于是，满怀着巨大的希望，我们进入了2020年这动荡、魔幻、令人不安甚至是恐惧笼罩的一年。

　　而在我们的当下和可见的未来，这个问题对许多组织来说变得更加尖锐。COVID-19、信贷危机、经济放缓和国家政策的紧缩，把我们每个人一个不落地在同一时空里推到了我们不得不面对的VUCA（易变的、不确定的、复杂的和模糊的）的境地时，是对每一个人的一次熔炉再造和锤炼。这里面我看到了情绪的爆发和心理防线的瓦解，甚至是打破了许多高管的假设和信心。我一直在思考，什么样的组织力才能够支撑我们不断前行，不畏未来？

当看到《无畏的组织》之后，我发现当我们在 VUCA 中穿行时，强大的心理安全是一种新的组织穿透力。

心理安全是高绩效团队的基石

本书中提到过，谷歌有一个非常著名的"亚里士多德计划"，希望找到高绩效团队的基本算法：谷歌聚集了全世界最优秀和最聪明的人才之后，为什么还是会出现有些团队表现出色，而其他团队却落在后面的情况？

在这项研究之前，像大多数组织的 CEO 一样，谷歌的高管认为，建立最好的团队意味着把最优秀的人才招到。这听上去很对路，不是吗？把市场上能找的最好的工程师、最厉害的产品经理纳入麾下，那就万事大吉了啊！但是他们发现自己错了，而且错得很离谱。

在这项为期两年的大规模研究中，谷歌发现，表现最好、最具创新精神的团队有一个共同点："心理安全"。即团队成员认为，表达观点的做法是被接受的，而且在犯错时不会受到惩罚。

这是一种只能意会不能言传的氛围，专业术语通常叫作场域。神奇的是，如果你正处于一个有这种感觉的群体中，你真的可以感受到。它让你知道，如果你尝试了一些不同的东西，即使失败，你也不会因此受到惩罚、不公平的待遇或者被解雇。

而根据谷歌的研究，心理安全水平高的群体往往会表现为：在轮流说话形式的会议中，每个人都能"平等地"发言；能够做到"夸张地"倾听。这听上去特别匪夷所思，不是吗？在谷歌这样一个精英云集的团队中，大家还会有不敢发言的时候吗？这怎么可能？谷歌的首席创新官说："没有人愿意把自己的个性和内心生活留在家里。但是为了全身心投入工作，感受'心理上的安全'，我们必须知道，有时候，我们可以有足够的自由来分享那些让我们感到害怕的事情，而不用害怕相互指责。我们必须能够谈论混乱或悲伤的事情，与那些让我们抓狂的同事进行艰难的对话。我们不能只关注效率。"

最终，团队成员之间越有安全感，他们就越有可能承认错误，成为紧密的合作伙伴，并勇于担责，更有创造力，效率更高，进而创造出更多的收益。与此同时，团队中心理安全水平高的人离开谷歌的可能性也会较小。

学会情绪的自由表达

传统组织鼓励人们彰显每个人自身"专业强大"的一面，于是我们也应该尽量隐藏自己"脆弱不安"的一面。而在心理安全水平高的组织中，身心完整促使组织里的个体可以不再戴着面具来面对彼此，甚至拥有足够的安全空间展现自己的脆弱和恐惧。由于组织内的个体建立了非常强的信任关系和连接感，所以人们也愿意敞开心扉来分享。

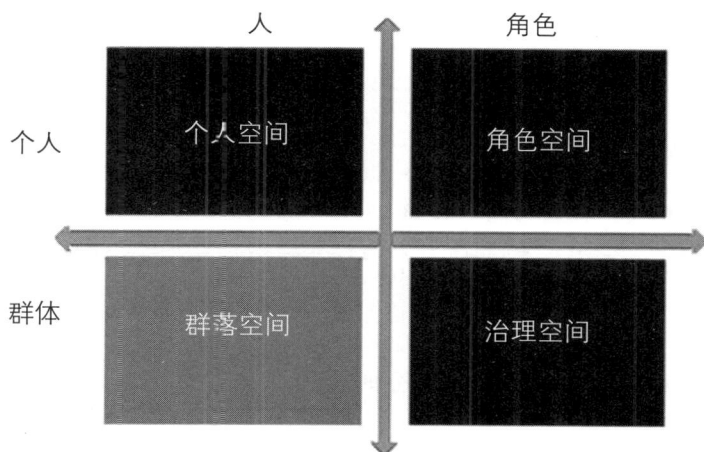

我在给客户提供咨询服务的时候，发现每个人在组织里有两种角色：一种是理性人，另一种叫作情绪人。很多时候，我们都认为自己是非常逻辑和理性的，决策也是基于理性分析做出来的，但实际上却是无意识的情绪在主导我们的决策。如果组织里的这种无意识的情绪弥漫，而大家又不自知，就会产生强烈的组织不安全感，进而影响组织的效率。这个情绪是在人与人之间的关系之间的，而不是独立存在的。因此我们通常会用一种叫作"会心圈"的工具来帮助组织内的团队处理负面情绪，而这个过程也是构建心理安全空间很重要的部分。它帮助组织给成员营造一个忙碌工作之余喘息的空间，通过探讨和分

享一些更深层次的思考、更关注人本身的话题，来帮助团队里的每个人渐渐卸去面具，真诚面对彼此。这里的话题会更加关注：

- 我与我自己
- 我和我们之间的关系
- 我和我的工作之间的关系

通过构建这样一种安全的空间，大家会更加敢于直面失败、直面挑战、暴露自己的脆弱，也会有更大的包容性和容忍度。

信任是在最微小的时刻赢得的。

它不是通过英雄事迹，或者甚至是显而易见的行动来获得的，而是通过真正的关心、连接以及倾听的姿态。

——布琳·布朗（Brene Brown）

领导者需要用一种"不安全"的姿态积极创造正向心理安全感。

在心理安全水平高的团队里，领导力是关键。

在传统的组织里，领导者通常都是那个最强大、最有智慧，同时也是最有力量的人。而越有权威的领导者，越容易受到一种暗示：不能软弱。但是对于那些希望通过创造一个高绩效团队的领导者而言，需要用一种全新的"不安全"的姿态来构建心理安全空间。

1. 放下面具、不端不装：对于领导者而言，真正做到被同事们喜欢并理解是非常难的事情。你以前也听说过这句话——你希望别人怎么对待你，你就怎么对待别人。说到心理安全，情况恰恰相反：像别人希望被对待的那样对待他们。如果你希望你的团队真实对你，那么你也需要花点时间问问你的团队成员，他们对诸如签到频率、沟通风格、工作时间等事情的偏好。

2. 感知响应、开放透明：这一点，桥水的乔·达里奥是做得最彻底的，书中对此也有提及。他会把几乎所有的会议录音都公开，全员可听；同时，也会让同事之间给出最真诚的反馈。而我们看到在信息化的时代下，开放透明几乎成为一家公司能够快速应对外部世界变化的一个重要的基本准则。《权力的转移》里提到：过去，一个工人如果越过自己的上级向更高的领导汇报问题或想法，会深陷麻烦；然而，如果要速度更快，就要缩短等级之间的距离，所以应鼓励员工在必要时忽略职位的限制。IBM 的一名人事经理说："如果一个中层经理因为自己的下属越级报告而觉得受到侮辱，这个经理马上会被他的上级和下级看不起。"在后工业时代，这种加速的创新压力会大大削弱稳定的官僚指挥链，带动权力的转移。在组织内，网络让人们能够快速地实现纵向、横向全方位的沟通。

3. 多元视角、鼓励挑战：新时代的领导者不容易。他们需要在快速奔跑的过程中，仍然保持对于团队的关注。当下，据我们观察，由于事物发展得太快，人们愈发地希望能快速获取会议上的共识，但很多时候它是一种为了共识而达成的暂时的假想中的"共识"。除此之外，有些人也可能是因为不想与位高权重的人产生分歧。凡此种种，不仅可能导致会议的最终决定不那么有效，同时也让某些人意识到他们的声音不是那么受欢迎。

而作为领导者，则需要采取一种好奇和开放的态度——带着一种好奇心多问问题，试着将他人封闭性或确定性的陈述语句变成开放性的疑问句，获取更多的信息；同时，鼓励下属直接表达不同的意见，甚至挑战你的想法，明确表明自己非常希望听到不同的声音。在我们的咨询过程中，如果看到一次会议都是一片和谐，那糟了；如果我们听到有很多不同的声音，大家在彼此的观点上做叠加发表自己的意见，那么这是进步的标志。

组织是一个复杂的有机体，心理安全是武装我们自己最强大的武器，让我们拥有一种通透感和穿透力，毫无畏惧地在VUCA中穿行，与不确定性抗争。

引　言

没有哪种情绪会像恐惧那样，

剥夺我们行动和思辨的能力。

——埃德蒙·伯克

（1756 年）[1]

　　无论是跨国公司的领导者、软件开发者、企业的顾问、建筑师，还是在当今依靠娴熟的计算机技巧来应对各种既复杂又充满挑战的工作的现代企业的员工，都属于"知识型工作者"。[2] 在工业革命时代，标准化是发展的引擎，即员工作为劳动主体，只须执行"最佳实践"来完成几乎所有的任务。而如今，创意和创作才是发展的原动力。人们在工作中通过脑力创作和相互协作来解决问题，完成不断变化的工作。组织要想实现长远的发展，必须寻找并坚持寻找创造价值的新方法。而创造价值，首要条件是人们需要完全充分地释放其潜能。

在复杂的、不确定的世界中不断发展壮大的必要条件

知识和创新已成为几乎每个行业中竞争优势的重要来源，这早已不是什么新鲜事了，但鲜有管理者停下来，好好思考一下这种新形势有什么影响，尤其是对于创造一种有助于实现员工和组织双赢的工作环境有什么意义。本书旨在解决这一问题，并提供一些新的视角和方法，以帮助知识密集型组织能够更好地开展工作。

组织要想在一个由创新决定成败的世界中真正地做到发展壮大，仅雇佣聪明又有上进心的人是不够的。知识渊博、技术精湛、善解人意的人并非总是能够在关键时刻将自己掌握的知识运用到工作中。有时，是因为他们没有意识到组织需要他们所掌握的知识，但更多时候是因为他们不愿意挺身而出、犯错或得罪上司。为实现知识型工作的蓬勃发展，工作场所必须是人们能够自由分享知识的地方！也就是能够分享各种担忧、问题、错误和不成熟的想法的地方。在当今大多数的工作场所中，人们总是缄默不语——不愿或害怕讲出或问出可能使自己难堪的事情。更糟糕的是，随着公司日益全球化和复杂化，越来越多的工作需要团队合作。今天，各级别员工投入协作的时间比 20 年前增长了 50%。[3] 所以，仅仅雇佣有才能的人是远远

不够的，他们还必须能够很好地协同工作。

经过过去 20 年的研究，我发现有一种因素能够帮助解释医院、工厂、学校和政府机构等工作场所体现出的不同样貌，我将之称为"心理安全"。而且，心理安全对于不同团体都很重要，无论是金融机构的最高管理层，还是重症监护病房的一线岗位员工。我的实地研究主要针对各种团体和团队，因为大多数工作都是人们合力完成的。如今，很少有产品或服务是由个人独自设计出来的。很少有人只是埋头做自己的工作，最后将成果线性地直接交给其他人。相反，在大多数工作中，员工需要通过交流，找出一些不断变化的相互依赖关系。在现代经济中，我们所重视的一切几乎都是决策和行动共同作用的结果，而共同的决策和行动，得益于有效的团队合作。我曾在之前的书和文章中写过，团队合作越来越多地呈现动态变化——人员配置在不断变化，而非划定界限的正式团队。[4] 这种动态协作称为团队协同。[5] 团队协同是跨越各种界限——比如专业知识、地位和距离——与人们沟通和协调的艺术。但是，无论你是不断与新同事组队，还是在稳定的团队中工作，只有在心理安全的工作场所，有效的团队合作才能不断达到最佳效果。

心理安全既不是不关注结果，也不是一种理想状态。在心理安全的工作场所中，人们知道自己可能会失败，可能会收到自己没有达到预期表现的绩效反馈，甚至可能会因为行业环境的变化或者是能力不达标而丢掉工作。现代组织的这些特征不太可能马上消失。但是，在心理安全的组织中，人们不会受到人际恐惧的困扰。他们愿意并能够承担开诚布公所带来的人际风险。与害怕分享可能很敏感、有攻击性甚至错误的想法相比，他们反而更害怕自己无法充分参与其中。在知识密集型的世界中，无畏的组织可以让人际恐惧降低到最小，从而确保团队和组织绩效的最大化。但心理安全并非对未来毫无担忧！

通过阅读本书你可以领略到，心理安全在以下方面起着确定性的作用：是赢得一个满意的客户，还是演变为一篇充满愤怒、迅速在网络上广泛传播且造成致命一击的推文；是确认为一次全面的医疗诊断方案让患者完全康复，还是使重症患者过早回家；是发生未遂事故还是酿成灾难性工业事故；是业绩高歌猛进，还是惨淡经营最后以戏剧性的失败收场。更重要的是，你将学到重要的技巧，帮助你构建心理安全的工作场所，让你的组织得以在充满复杂性、不确定性且相互依赖性日益增强的世界中不断发展壮大。

从广义上来讲，心理安全是一种让人们可以畅所欲言、做自己的氛围。更具体地说，当人们在工作中具备心理安全感，他们会自由地分享自己的担忧和错误，而不会害怕出现尴尬或遭到报复。他们确信自己可以开口，而不会受到侮辱、忽视或指责。他们知道，即使对有些事情不确定，也可以提问。他们往往比较信任、尊重同事。当工作环境中的心理安全感处于相当高的水平时，就会有好的结果出现：错误被及时报告，便于迅速采取纠正措施；实现跨小组或跨部门无缝协调；分享可能改变游戏规则的创新思路。总而言之，对于在复杂多变的环境中运营的组织而言，心理安全是创造价值的重要资源。

　　然而，2017 年盖洛普的一项民意调查发现，只有 3/10 的员工非常赞同"他们的观点在工作中受到重视"。[6] 同时，盖洛普指出，"如果将这一比例提高到 6/10，员工流动率可降低27%，安全事故可减少 40%，生产力可提高 12%"。[7] 因而，组织仅仅雇佣有才之士是不够的。如果领导者希望释放个人和集体的潜能，就必须营造一种心理安全的氛围，让员工自由表达想法、分享信息和报告错误。想象一下，如果让员工觉得自己的观点在工作中受到重视成为一种惯例，将会有何等收获！我将此称为"无畏的组织"。

意外发现

　　我对心理安全的研究兴趣始于 20 世纪 90 年代中期，当时，我有幸加入了一支对医院投药错误进行开创性研究的跨学科研究团队。相比其他行业所面对的挑战，医院为患者提供护理服务属于极端情况，尤其是，这需要高度专业化、个性化服务以及 7×24 小时全时在线。在我看来，研究极端情况可以帮助我形成对其他组织中人员管理的新见解。

作为这项研究的一部分，受过训练的护士调查员要在 6 个月内尽力收集可能具有破坏性的人为错误的相关数据，以期进一步揭示医院中人为错误的实际发生率。与此同时，我对医院各科室的工作方式进行观察，试图了解它们的组织和文化，进而洞察错误可能发生的情况——在繁忙的、非标准化的、偶尔混乱不堪的操作中，协同与否可能导致生死攸关的问题。我还进行了一项调研，以了解各个患者护理单元是如何协作的。

在此过程中，我意外发现了心理安全的重要性。这促使我开始了一个新的研究项目，通过这个项目，我最终发现了能够验证本书所列观点的实证性证据（我会在第 1 章作具体解释）。当时，我还没有着手研究心理安全，而是研究团队合作及团队合作与错误之间的关系。我认为，人们如何合作是组织在不断变化的世界中不断学习的一项重要因素。心理安全实属"不期而遇"——后来我将它称为"明摆着的事情"，用它来解释数据中一些令人困惑的结果。如今，商业、医疗、基础教育等多个领域都有对心理安全的研究。在过去的 20 年中，有关组织中心理安全的成因和影响的文献不断增多，其中也包括我的作品，但更多的是其他研究者的成果。我们已深入认识到心理安全的本质、作用方式和重要性。我将在本书中对这些研究的重要发现做出总结。

近年来，实践者们也开始对心理安全的概念有所了解。在各个行业中，一些深谋远虑的高管、经理、顾问和临床医生都在想方设法帮助组织做出改变，构建心理安全空间，以此作为促进学习和创新以及提高员工敬业度的策略。2016 年 2 月，查尔斯·杜希格（Charles Duhigg）在《纽约时报》上发表了一篇文章，报告了 Google 针对"如何打造最佳团队"进行的一项为期五年的研究。自此，管理博客圈对心理安全的关注度明显提升。[8] 这项研究对以下几种可能的情况进行了分析：团队成员具有相似的教育背景重要吗？性别比例平衡重要吗？工作之外的社交情况怎样？结果并没有出现清晰的参数集。这项最初被命名为"亚里士多德计划（Project Aristotle）"的项目随后转向研究团队行为范式，即团队下意识地形成的共同的行为和不成文的规定。最终，正如杜希格所写，研究者"在学术论文中看到'心理安全'的概念时，一切突然一目了然了"。[9] 他们得出结论，"毋庸置疑，在我们发现的五大要素中，心理安全是其中最为重要的[10]。"其他行为也同样重要，比如制定明确的目标、加强相互问责等，但是，如果团队成员没有感到心理安全，其他行为就是不充分的。确实，正如领导该研究的首席研究员茉莉亚·罗佐夫斯基（Julia Rozovsky）所写，"心理安全是其他四项基本要素的基石[11]。"本书第 1 章的标题采用"基石"，正是为了反映她的这一极其简洁的结论。

本书概览

全书共分三个部分。第一部分：心理安全的力量，包含两章，介绍了心理安全的概念，并简单说明了组织中这一重要现象的研究历史。我们将对心理安全之所以重要以及心理安全在许多组织中尚未普遍存在的原因进行研究。

第1章"心理安全的基石"，开篇列举了一则发生在一家医院里的被掩饰的真实案例，它表明员工在工作中普遍会按兵不动（不分享担忧或问题），以及人们的这种反应会对几乎任何组织中的工作质量产生重大影响。我还将回顾自己在学术生涯早期偶然发现心理安全的故事。

第2章"来龙去脉"，介绍了对心理安全相关学术研究进行系统回顾后得出的主要发现。我没有详细阐述各项研究的细节，而是概述了相关心理安全研究为本书的中心论点提供的支持性证据——在21世纪，任何组织都承受不起恐惧文化的后果。无畏的组织不仅对员工来说是一个更好的工作场所，也是创新、成长和业绩得以根植的地方。如果读者希望略读这些证据，快速进入第二部分，那么将会看到多个案例研究，这些案例研究首先阐明了没有构建心理安全空间所造成的成本，其次是投资构建心理安全空间所带来的回报。

第二部分：工作中的心理安全，包含四章。本部分提供了私营和公共部门组织工作场所的真实案例研究，用以证明心理安全（或心理安全缺失）对经营业绩和人员安全绩效的塑造。

第 3 章"可避免的失败"，对一些案例进行了深入探究。在这些案例中，工作场所的恐惧使人们产生一种取得商业成功的错觉，导致本应及时上报或者解决的重大问题，再过一段时间之后被发现却导致无法挽回的后果。在本章中，我们可以看到一些明星企业，它们曾经是行业翘楚，最终却落得身败名裂，还被大肆曝光。第 4 章"危险的沉默"，重点介绍了一些充斥着恐惧文化的工作场所，员工、客户或团体本来可避免遭受人身或精神伤害，却不愿开诚布公、提出问题或寻求帮助。

第 5 章和第 6 章带我们走进一些着意营造"允许自由发言，鼓励自由发言"氛围的组织。这些组织向我们展现了"无畏的组织"长什么样子。这类组织与第 3 章和第 4 章所强调的截然不同，重要的是，它们之间也各不相同。看来条条大路通往无畏！第 5 章"无畏的工作场所"，介绍了一些公司案例。诸如皮克斯动画工作室（Pixar），创造性工作显然对公司的经营业绩至关重要，领导者在任职之初便认识到构建心理安全空间的必要性；诸如工业设备制造商 Barry - Wehmilller 公司，在转型过程中发现，只有当员工不断自我成长时，企业才会随之发展壮大。第 6 章"安全无忧",则进一步验证了在工作场所中构建心理安全空间有助于保证员工和客户安全与尊严。

第三部分:创建无畏的组织,包含两章。通过事例和研究展示了领导者如何才能创建无畏的组织——身处其中的每个人都能够在工作中充分展现自我、贡献价值、不断成长、通力合作,从而取得显著成果。

第 7 章"使其发生",旨在解决以下两个问题:你需要做些什么来构建心理安全空间以及在心理安全缺失的情况下如何找回。本章提供了一个领导者工具包。我给出了一个包含三项简单(但并不容易)活动的框架,高管乃至整个组织的领导者可以通过这些活动来打造更加投入、更有活力的员工队伍。我们将会看到,构建心理安全空间需要付出努力和技巧,但是当专业技能或协作关系到工作质量时,这种付出就会得到回报。我们还会看到,领导者的工作永无止境,并非把心理安全工具化清单全部打钩之后就万事大吉。创建并强化一种让人们可以学习、创新和成长的工作环境是一项永无止境且有着深刻意义的工作。第 8 章"下一步做什么?",是本书的最后一章,其中更新了几个案例,并给出了我经常被全球不同企业的人员问及的一些问题的答案。

★ ★ ★ ★ ★

在当下这个时代，没有谁能够完全了解或具备做好客户服务工作所需要的一切，让人们畅所欲言、分享信息、贡献专业知识、承担风险以及协同工作比以往任何时候都更为重要，只有这样才能创造永久性价值。然而，正如 250 多年前埃德蒙·伯克（Edmund Burke）所写的，恐惧限制了我们进行有效思考和采取行动的能力——即使最有才华的员工亦是如此。今天的领导者必须愿意承担"驱除组织中的恐惧，创造有利于员工学习、创新和成长的环境"这项工作。希望本书可以帮助你完成这项工作。

注释

1. Burke, E. *A Philosophical Inquiry into the Origin of Our Ideas of the Sublime and Beautiful*. Dancing Unicorn Books, 2016. Print.

2. Selingo, J. J. "Wanted Factory Workers, Degree Required." *The New York Times*. January 30, 2017. https//www. nytimes. com/2017/01/30/ education/edlife/factory-workers-college-degree-apprenticeships. htmlAccessed June 13, 2018.

3. Cross, R., Rebele, R., & Grant, A. "Collaborative Overload." *Harvard Business Review*. January 1, 2016. httpps//hbr. org/2016/01/collaborative-overloadAccessed June 13, 2018.

4. Edmondson, A. C. "Teamwork on the fly." *Harvard Business Review* *90*. 4, April 2012. 72-80. Print.

5. Edmondson, A. C. *Teaming How Organizations Learn, Innovate, and Compete in the Knowledge Economy*. San Francisco Jossey-Bass, 2012. Print.

6. Gallup. *State of the American Workplace Report*. Gallup Washington, D. C, 2017. httpp//news.gallup.com/reports/199961/state-americanworkplace-report-2017.aspxAccessed June 13, 2018.

7. Gallup, *State of the American Workplace Report*. 2012 112.

8. Duhigg, C. "What Google Learned From Its Quest to Build the Perfect Team" *The New York Times Magazine*. February 25, 2016. httpps//www.nytimes. com/2016/02/28/magazine/what-google-learnedfrom-its-quest-to-build-the-perfect-team.htmlAccessed June 13, 2018.

9. *Ibid.*

10. Rozovsky, J. "The five keys to a successful Google team." *re Work Blog*. November 17, 2015. httpps//rework. withgoogle. com/blog/fivekeys-to-a-successful-google-team/Accessed June 13, 2018.

11. *Ibid.*

第一部分

心理安全的力量

第 1 章　心理安全的基石

到目前为止，心理安全是我们发现的五个关键要素中最重要的。它是其他 4 个要素的基础。

——朱莉亚·罗佐夫斯基

（Julia Rozovsky）

"谷歌团队成功的五个关键要素"[1]

　　这对刚出生的小双胞胎看起来很健康，但他们在母亲怀孕 27 周时就提前出生了，这意味着他们是"高危早产儿"。幸运的是，在这所忙碌的城市医院里，分娩婴儿的医疗团队中包括新生儿重症监护室（NICU）的工作人员：年轻的新生儿护士从业者克里斯蒂娜·普赖斯（Christina Price）* 和满头银发的新生儿学专家德雷克（Drake）医生。当克里斯蒂娜看着这对婴儿时，她很担心。根据最新建立的最佳实践准则，她最近接受的培训中有一项是为高危婴儿尽早使用一种促进肺部发育的

---

* 本文中人物均为化名。

药物。早产婴儿出生时，通常肺部还没有完全具备在子宫外独立呼吸的能力。

但那位新生儿学专家并未采购这种叫作预防性表面活性剂的药物。克里斯蒂娜想要走上前提醒德雷克医生关于表面活性剂的事，但是她忍住了。上周，她无意中听到德雷克公开斥责另一名护士质疑他的一项命令。她告诉自己，这对双胞胎可能会没事的——医生可能有理由不使用表面活性剂，这毕竟仍是一个主观判断——她打消了提出这个建议的想法。况且，他已经转身开始晨间查房了，白大褂飘然而去。

无意识的计算器

正如我们大多数人每天都会做很多次类似的细微评估那样，在犹豫不决后选择沉默的过程中，克里斯蒂娜做了一个快速的、无意识的风险计算。也许，她甚至没有意识到自己在被轻视或斥责的风险，以及婴儿实际上可能需要药物才能存活的风险这二者之间进行了权衡。她告诉自己，医生比她更了解情况，她没把握他会接受自己的建议。不经意间，她做了一件被心理学家称为"贴现未来"的事——低估了病人健康这一更重要的问题，而这需要一段时间才能解决；而夸大了医生可能做出的立即反应的重要性。我们习惯性地低估未来，这就解释了许多普遍存在的无益或不健康行为——不论是吃掉那块额外的巧克力蛋糕还是拖延一项富有挑战性的任务——而在工作中不能畅所欲言是另外一个重要且经常被忽视的常见的例子。

和大多数人一样,克里斯蒂娜会在工作中不自觉地保护自己的形象。正如著名社会学家欧文·戈夫曼(Erving Goffman)在其1957年的著作《日常生活中的自我呈现》(*The Presentation of the Self in Everyday Life*)中所指出的,作为人类,我们不断地试图通过调节和控制社会交往中的信息来影响他人对我们的看法。[2]无论有意或无意。

换句话说,没有人会在早上醒来后兴高采烈地去上班,为了看起来无知、无能或爱捣乱。这些被称为人际风险,几乎每个人都试图避免这种风险,而且经常是无意识的。[3]事实上,我们大多数人都想在别人眼中显得聪明、能干或乐于助人。无论我们的工作、地位或性别如何,我们都在人生早期就学会了如何处理人际风险。在小学的某个阶段,孩子们开始意识到别人对他们的看法很重要。他们学会了如何降低被拒绝或被鄙视的风险。及至成年,我们通常会真的很擅长这样做!太好了,我们在无意识的情况下做到了。不想显得无知?那就不要提问。不想显得无能?那就不要承认错误或弱点。不想被称为捣蛋鬼?那就不要提建议。在社交活动中,看着得体比与众不同通常更能让他人接受,但在工作中,这种倾向可能会导致严重的问题，如创新受阻、服务低下，极端情况下甚至造成人员伤亡。然而，在大多数组织里，避免那些可能会让别人看轻我们的行为几乎成了我们的第二天性。

正如颇具影响力的管理思想家尼洛弗·麦钱特（Nilofer Merchant）在谈及自己早年在苹果公司（Apple）担任管理层时所言："我过去常常能在会上把问题看得很清楚，而其他人却不能。"但她担心自己"犯错"，因此"保持沉默，学着袖手旁观，以免他们一起来反对我。我宁愿保住我的工作，让自己不越界，也不愿冒险说真话，让别人说我很蠢。"[4] 在一项调查员工是否有直言不讳经历的研究中，85%的受访者表示，他们至少曾经历过一次无法向老板表达担忧的情况，即使他们认为该问题很重要。[5]

如果你认为这种行为仅限于组织中的基层员工，我们再以刚加入一家大型电子公司的首席财务官为例。尽管对收购另一家公司的计划持严重保留态度，但这位新高管却缄口不言。他的同事们似乎都很热衷该计划，因此他也同意了该决定。后来，当收购明显失败时，高管们聚集在一起与一位顾问共同进行事后分析。每个人都被要求反思他或她可能做了什么来导致或避免失败。这位首席财务官现在已经不那么像个局外人了，他也表达了自己早些时候的担忧，承认自己当时没有说出来是不想让团队失望。他情绪激动地公开道歉，遗憾地表示其他人表现出的热情让他害怕自己成为"野餐会上的臭鼬"。

袖手旁观而非直言不讳的问题在于，这样做尽管能保证我们的个人安全，却会让我们表现不佳，变得令人不满，并且也会使组织处于危险之中。幸运的是，在克里斯蒂娜和高危早产儿的案例中，没有造成直接的伤害，但是我们将在后面的章节中看到，对于直言不讳的恐惧可能会导致事实上本可避免的事故。由于害怕人际风险而保持沉默，甚至可能会造成生死差别。飞机失事、金融机构倒闭、医院病人无辜死亡，仅仅是因为某些人出于与自身工作环境相关的原因，而不敢说真话。幸运的是，这并不一定会发生。

展望心理安全的工作场所

如果克里斯蒂娜是在一家她认为心理上安全的医院工作，她就会毫不犹豫地询问新生儿学专家，他是否认为有必要对新生儿采用预防性肺部药物加以治疗。在这一点上，她甚至可能没有意识到自己是在有意识地决定要坦率直言；进一步检查一下似乎是很自然的事。她会理所当然地认为自己的建议会得到肯定，即使她所说的话并没有改变病人的护理。在一个以心理安全为特征——信任和尊重相结合——的环境中，新生儿学专家可能很快就会同意克里斯蒂娜的观点，并打电话给药房提出要求，或者他会解释为什么他认为在这种情况下没有必要这样做。不管怎样，结果都是这个部门会更好：患儿接受了挽救生命的药物治疗，团队了解了更多关于新生儿医学的精妙之处。离开房间之前，医生可能会感谢克里斯蒂娜的建议。他会很高兴可以借助她的直言不讳来避免自己说错、遗漏细节或分心疏忽。

最后，当克里斯蒂娜给婴儿用药时，她可能会想到 NICU 可以制定一项政策来确保所有需要表面活性剂的婴儿都能接受该项治疗。她可以在休息时向她的领导提出这个建议。而且，由于心理安全感存在于整个工作群体之中，而不只是存在于特定的个体之间（如克里斯蒂娜和德雷克医生），护士长很可能会接受她的建议。

直言不讳包括了人们在工作中进行的各种沟通交流：从在会议上主动提出一个自己关注的问题，到向同事提供反馈意见。它也包括网上沟通（例如，发送电子邮件要求一位同事澄清一个要点或在一个项目上寻求帮助）。有价值的发言形式包括在电话会议中提出不同的观点、向同事征求对某个报告的反馈、承认一个项目超出了预算或落后于计划，等等——所有这些构成了 21 世纪职场的大量的语言交流。

当然，直言不讳会带来一系列的人际风险。有些情况下，讲真话发生在极端的恐惧之后，对有些人而言，直截了当表达自己的想法简单直接且容易操作。但有些情况下就很难——比如 NICU 的克里斯蒂娜——因为她个人在权衡（有意识地或无意识地）了风险后选择保持沉默。自由表达想法、担忧或提出问题经常受到人际恐惧的阻碍，这种情况比大多数管理者意识到的要严重得多。这种恐惧难以觉察。沉默不言自明！随着时间的流逝，明哲保身的人最明智。

我将心理安全定义为这样一种信念：人们不会因为在组织中承担人际风险而感到害怕和担忧。[6]这个概念指的是能够说出自己的想法、问题或担忧的体感。当同事之间相互信任和尊重，并且感到有能力甚至有义务坦诚相待时，心理安全就会显现出来。

在心理安全的工作场所，类似克里斯蒂娜经历的那种微小的、可能造成重大影响而选择沉默产生的比例很小。相反，畅所欲言会促进公开和真实的交流，从而有助于发现问题、错误以及改进的机会，并增进知识和思想的共享。

正如你将看到的，自从高夫曼研究了挽回面子的奇妙微观动态以来，我们对工作中人际风险管理的理解已经有所提高。现在我们知道，心理安全是一个群体的特性，组织中的群体往往具有很强的人际氛围。即使是在一个有着强大企业文化的公司，你也会发现心理安全水平有高有低。以克里斯蒂娜所属的医院为例。在一个病人护理部门，护士可能会直言不讳地质疑或询问病人的护理决定，而在另一个部门，护士可能会觉得完全不可能。工作氛围的这些差异以微妙而有力的方式塑造着人们的行为。

一个偶然的发现

虽然我对这本书中的观点充满热情，但我最初并非刻意进行心理安全研究。彼时，作为一名正在为最终的论文而明确自己的研究兴趣的一年级博士生，我很幸运地加入了一个在几家医院研究医疗失误的大型团队。这是一个获得研究经验的良好途径，同时也激起了我对组织如何在一个越来越有挑战性、快节奏的世界中学习和成功的研究兴趣。我一直对从错误中学习以实现卓越的理念很感兴趣。

在研究小组中，我的任务是检查团队合作对医疗错误率的影响。该小组中有许多专家，包括能够判断是否发生了人为错误的内科医生和训练有素的护士调查人员，他们将审查病历并采访两家医院病人护理部门的一线护理人员，以获得每个团队的错误率。实际上这些专家是在获取我的研究中的因变量：团队层级的错误率数据。对我来说这是一个很好的安排，至少有两方面的原因。首先，我缺乏医疗专业知识，无法自己判断医疗错误。其次，从研究方法的角度来看，这意味着我对团队效率的调查将不受实验者偏见的影响：研究人员倾向于看到自己想看的东西，而不是实际存在的东西。因此，数据收集活动的独立性是我们这项研究的一个重要优势。[7]

护士调查人员在 6 个月内收集了错误数据。在第一个月，我向研究单位的每个工作人员——医生、护士和职员——分发了一种称为"团队诊断调查"的有效工具，稍微改变了调查项目的语言以确保它们对在医院工作的人来说是有意义的，并增加了一些新项目来评估人们对犯错的看法。我也花时间实地（在病人护理部门）观察每个团队是如何工作的。

在研究过程中，我预测，不出意外的话，效率最高的团队出错最少。当然，我必须等待 6 个月才能完全收集到因变量（错误率）的数据。故事就在这里发生了始料未及的转折。

首先是好消息（至少从研究的角度来看）。和我之前的预测存在差异！不同团队之间的错误率存在显著差异。事实上，从最好到最差的每千名患者·天（一种标准测量方法）中人为失误的数量相差 10 倍。我由衷地认为这是一项重要的绩效衡量方法。例如，一个病房可能每三周报告一次用药剂量错误，而另一个病房可能每隔一天报告一次。同样，团队调查数据也表现出显著的差异。一些团队比其他团队更强大：其成员间表达了更多的相互尊重、更多的合作，对于自己交付伟大成果的能力更有信心、有更高的满意度，等等。

当整理出所有的错误和调查数据时，一开始我很兴奋。进行统计分析后，我立即发现独立收集的错误率与我调查中团队有效性的度量之间存在显著的相关性。但当我仔细再看，发现有些地方不对劲。这种相关性的方向与我的预测完全相反。相比较弱的团队，较强的团队犯的错误明显更多，而不是更少。更糟的是，这种相关性在统计上十分显著。我一度不知道该如何告诉我的论文导师这个坏消息。这是个问题。

不，这是个谜团。

更好的团队真的会犯更多的错误吗？我想到了医生和护士之间需要交流，以提供安全、无误的护理；需要寻求帮助、互相检查工作，以确保在这种复杂的、非标准化的工作环境中，病人能得到最好的照顾。我知道，优质的护理意味着临床医生必须有效合作。好的团队合作导致更多的失误，这根本说不通。我曾一度怀疑，随着时间的推移，是否更好的团队会变得过于自信，然后变得草率。这也许可以解释我得到的令人困惑的结果。但是为什么更好的团队错误率更高呢？

然后，我突然灵光一闪。如果更好的团队有一种开放的氛围，使得报告和讨论错误更容易呢？我突然想到，好的团队不是犯的错误更多，只是他们报告了更多。但要证明这一点，需要收集更多数据。

我决定雇佣一名研究助理去仔细研究这些病人护理团队。

他没有先入之见，不知道哪些部门犯了更多的错误，哪些部门在团队调查中得分更高。他甚至不知道我的新假设。用研究术语来说，他对假设和先前证实的数据都是"盲目"的。[8]

以下是他的发现。通过对工作环境各个方面的安静观察和开放式访谈，他发现，在人们是否觉得能够谈论错误方面，团队间存在很大差异。这些差异与检测到的错误率几乎完全相关。简而言之，更好的团队（基于我的调查结果，但研究助理并不知道），人们会公开谈论错误的风险，并经常试图寻找新的方法来发现和预防错误。几年之后，我才把这种氛围差异称为心理安全。但这个偶然的发现把我引向了一个新的、富有成果的研究方向：发现其他工作场所中不同群体之间的人际氛围会有什么不同，以及它对其他行业的学习和畅所欲言的影响，而不仅仅是医疗行业。

多年来，在对公司、医院甚至政府机构的研究中，我和我的博士生们发现，心理安全所产生的差异，对预测学习行为和客观的绩效评价非常重要。今天，和我一样的研究人员已经进行了几十项研究，表明心理安全可以让人学习能力更强、表现更好甚至死亡率更低。在第 2 章，我将与你分享一些研究结果。

在20多年前的那项初步研究中，我了解到医院内部不同群体的心理安全感是不同的。从那时起，我在许多行业环境中重复印证了这一发现。数据与这个简单但有趣的发现是一致的：心理安全感似乎"活"在群体层面上。换句话说，在你所效力的组织里，不同的群体很可能有不同的人际体验；在有些组织里，你可以很容易地说出自己的想法，然后全身心投入到工作中去；在另一些组织里，直言不讳则可能是迫不得已的最后避难所，就像我所研究的一些病人护理团队那样。这是因为在很大程度上心理安全感是由当时的领导者决定的。我将在本书后面的章节中详细阐述随后的研究如何证实了我最初的偶然发现。

站在巨人的肩上

我可能是无意中才涉入了心理安全领域，但对其重要性的洞悉可以追溯到 20 世纪 60 年代初的组织变革研究。麻省理工学院（MIT）教授埃德加·沙因（Edgar Schein）和沃伦·本尼斯（Warren Bennis）在 1965 年出版的一本书中写道，需要心理安全来帮助人们应对组织变革带来的不确定性和焦虑。[9]沙因后来指出，心理安全对于帮助人们克服自身在工作中所面临的防御性和"学习焦虑"是至关重要的，尤其是当情况没有像他们希望或预期的那样发展时。[10]他认为，心理安全可以让人们专注于实现共同的目标，而不是自我保护。

后来，波士顿大学教授威廉·卡恩（William Kahn）在 1990

年所做的开创性研究表明，心理安全能够促进员工的敬业度。[11]
基于一个夏令营和一个建筑公司的丰富案例研究，卡恩探索了人
们在工作中能够充分参与和表达自己——而非袖手旁观或自我防
卫——的条件。使命和心理安全都很重要。但卡恩进一步指出，
当人们在工作中感受到信任和尊重时，他们更有可能相信自己会
从质疑中获益，这是一种思考心理安全的绝妙方式。

接下来，我的论文介绍并测试了心理安全是一个群体层面
的现象。[12]基于医院失误研究中有关人际氛围的意外洞见，我研
究了中西部一家制造公司的 51 个团队，这次刻意衡量他们的
心理安全感。这项 1999 年发表于领先的学术期刊上的研究，
日后影响了将在第 2 章中讨论的 Google 著名的 "亚里士多德计
划"（Project Aristotle）。该研究表明，心理安全在公司内部团队
之间存在显著差异，并且可以促进团队学习行为和团队绩效。[13]

这项研究的一个重要观点是，心理安全不是人格差异，而
是领导者能够并且必须帮助创造的工作氛围的一个特征。更具
体地说，在我研究过的每一家公司或组织，甚至那些有着著名
的强大企业文化的公司中，心理安全在不同的群体中也存在显
著差异。而且，心理安全也不是随机或难以捉摸的群体化学反
应的结果。很明显，一些团队的领导者能够有效地为心理安全
创造条件，而其他团队的领导者却不能。不管是在医院的不同
楼层、工厂的不同团队、零售银行的分支机构，还是在不同的

连锁餐厅，这种情况都真实存在。

我的论文研究结果让我更加坚信，所有人在工作中都面临着微妙的人际风险，而这些风险是可以减轻的。无论是在明面上还是暗地里，你无时无刻不处在评估之中。从正式意义上说，上级可能会负责评估你的表现。但私底下，同事和下属也一直在给你打分。我们的形象永远存在风险。在任何时候，如果我们提出问题、承认错误、提出意见，或评价一项计划，就可能会给人留下无知、无能或无礼的印象。不愿意承担这些小的、非实质性的风险会摧毁价值（而且经常如此，正如你将在第3章和第4章中看到的那样）。但这些风险也可以被消除。人们在工作中不需要被人际恐惧所束缚。正如第5章和第6章中所展示的那样，构建一种工作氛围，人们不会害怕在同事面前出丑，但会担心让客户失望。

为什么恐惧是一个无效的激励因素

恐惧可能曾经激励过工厂里的流水线工人或在田里干活的农场工人：人们因为快速并准确地完成重复性工作而得到嘉奖。我们大多数人都接触并有过一个以恐惧控制人的反派老板的人设。事实上，流行文化进一步夸大了这种刻板印象，塑造了滑稽可笑的人物形象，正如皮克斯动画电影《美食总动员》

（*Ratatouille*）中的古怪餐厅主厨，卡通英雄老鼠雷米（Remy）要想实现成为厨师的梦想，就必须先战胜他。

更糟糕的是，许多管理者，无论是有意识还是无意识地，仍然相信恐惧是可以起到激励的作用的。他们认为那些害怕（管理或表现不佳的后果）的人会努力避免不愉快的后果，好事就会发生。如果工作很简单，而且工人不太可能遇到任何问题或有任何改进的想法，这种认知可能有意义。但对于那些需要学习或合作才能成功的工作来说，恐惧并不是一个有效的激励因素。

脑科学家已经充分证明，恐惧会抑制学习和合作。20 世纪早期的行为科学家伊凡·巴甫洛夫（Ivan Pavlov）在他的实验室里养了几十只狗，他发现狗在 1924 年列宁格勒洪水中受到惊吓后，学习行为任务的能力受到了抑制。游进实验室对狗进行施救的工作人员报告说，当时水已经灌满了笼子，只有狗的鼻子露在水面上。[14] 从那以后，神经科学家发现恐惧会激活杏仁核，而杏仁核是大脑中负责检测威胁的部分。如果你在做重要的演讲前感到心跳加速、手心冒汗，那是杏仁核的自动反应。

恐惧会抑制学习。神经科学研究表明，恐惧会消耗生理资源，将它们从大脑中管理工作记忆和处理新信息的部分转移出来，从而削弱了分析思考、创新洞察和问题解决的能力。[15] 这就是为什么人们在恐惧的时候很难做到最好。因此，一个人在心理上的安全程度强烈影响着他从事学习行为的倾向，比如信息共享、寻求帮助或实验。它也会影响员工的满意度。科层制（或者，更具体地说，当处理不当时所产生的恐惧）进一步降低了心理安全感。研究表明，地位较低的团队成员通常比地位较高的团队成员感到更不安全。研究还表明，我们总是在不断地评估自己的相对地位，监控自己与他人的竞争情况，而且大多是下意识的。此外，层级较低的人与层级较高的人在一起时会感到压力。[16]

心理安全指的是这样一种信念，即人际风险的正式或非正式后果，比如寻求帮助或承认失败，都不会是惩罚性的。在心理安全的环境中，人们相信如果自己犯了错误或寻求帮助，其他人不会做出不好的反应。相反，开诚布公被允许并鼓励。当人们感到自己所处的工作场所是一个可以畅所欲言、提意见和提问题而不必担心受到惩罚或面临尴尬的环境时，就会产生心理安全感。这是一个欢迎并能够产生新想法的地方吗？还是会被孤立和嘲笑？同事们会因为你提出不同的观点而让你感到尴尬或惩罚你吗？他们会因为你承认自己不懂某件事而轻视你吗？

心理安全不是什么

随着越来越多的咨询师、管理者和其他组织生活的观察者谈论心理安全，误解这一概念的风险也随之增加。下面是一些常见的误解和澄清。

心理安全与和谐无关

在心理安全的环境中工作，并不意味着人们总是为了和谐而彼此达成一致。这也不意味着人们对你所说的每件事都给予毫不含糊的赞扬或不合理的支持。事实上，可以说正好相反。心理安全是坦率的，使富有成效的分歧和思想的自由交流成为可能。毋庸置疑，这些是至关重要的学习和创新。任何工作场所都会不可避免地发生冲突。心理安全使冲突各方能够坦率地说出困扰他们的问题。

在我曾经从事咨询或研究的许多公司里，往往会听到以下不同的说法："我们对'（公司名称）和谐'有意见。"他们接着描述了在会议上对别人"礼貌"的普遍经验，但后来当人们在走廊里私下交谈时，他们会不同意会议上讨论的内容而且往往不会将其付诸实践。简而言之，"和谐"并不代表心理安全。同理，心理安全并不意味着安逸或舒适。相反，心理安全是指坦率和愿意参与并创造冲突，以便从不同的视角学习。

心理安全不是一个人格因素

有些人把心理安全解释为"外向"的代名词。他们之前可能得出的结论是，人们在工作中不说话是因为他们害羞或缺乏自信，或者只是喜欢独处。然而，研究表明，工作中的心理安全体验与内向和外向无关。[17]这是因为心理安全指的是工作环境，而环境会以大致相似的方式影响不同性格特征的人。在一个心理安全的环境中，人们会提出自己的想法，表达自己的担忧，而不管他们的性格是倾向于内向还是外向。

心理安全不仅仅是信任的代名词

虽然信任和心理安全有很多共同点，但它们并非可以互换。一个关键的区别是，心理安全是群体层面的体验。在一起工作的人往往对氛围是否心理安全抱有相似的看法。而信任则是指两个个体或团体之间的相互作用。信任存在于个人的头脑中，与特定的目标个体或组织有关。例如，你可能信任一个同事，但不信任另一个。或者，为了说明对组织的信任，你可以信任某个特定的公司来保持高标准。

此外，心理安全描述的是一种暂时的直接体验。信任描述的是一种期望，即在未来某个时刻，是否可以指望另一个人或组织去做他承诺要做的事情，而安全的心理体验则与对即时人际关系的预期有关。例如，克里斯蒂娜没有向医生咨询一种她认为可能有效的药物，是因为她担心问这个问题的直接后果——被斥责或羞辱的风险。信任关系到克里斯蒂娜是否相信医生能够并且愿意为病人做正确的事情。换一种说法，信任是使别人因质疑而受益，心理安全则是指，当你寻求帮助或承认错误时，他人是否会让你从中受益。

心理安全不是降低绩效标准

心理安全不是"什么都行"。好像在心理安全的环境中，人们不需要坚持工作的高标准或按时完成任务，也并不是让你在工作中变得"舒适"。理解这一点尤其重要。因为许多管理者天然吸引也赞赏报告错误、寻求帮助和其他主动帮助组织学习的行为。与此同时，他们也下意识地将心理安全等同于宽松的绩效标准——用他们的话来说，就是无法"让人们担责"。这实际上是一种普遍的误解。心理安全使坦率和开放得以实现，并因此在相互尊重的环境中蓬勃发展。这意味着人们相信自己可以而且必须在工作中乐于助人。事实上，心理安全有助于帮助团队制定远大目标，并为之共同努力。心理安全为一个更诚实、更具挑战性、更具协作性，进而也更高效的工作环境奠定了基础。正如第 2 章将要解释的那样，世界各地的研究人员已经发现，心理安全在广泛的工作环境和行业中提升了绩效。简而言之，如图 1.1 所示，心理安全和绩效标准是两个独立的、同等重要的维度——在复杂的相互依赖的环境中，这两个维度都会影响团队和组织的绩效。

	低工作标准	高工作标准
高度心理安全	舒适区	学习和高绩效区
低度心理安全	冷漠区	焦虑区

图 1.1 心理安全与绩效标准的关系[18]

当心理安全水平和绩效标准都很低的时候（左下），工作场所就变成了一种"冷漠区"。人们身在工作中，但心和思想却在别处。人们每次都选择自我保护而不是努力。随心所欲的努力可能会花在浏览社交媒体或者让彼此的生活变得悲惨上。

在心理安全水平高但绩效标准低的工作场所（左上），人们通常喜欢与他人合作；他们是开放的、友好的，但不接受工作的挑战。我们称之为"舒适区"。今天，世界上属于这一象限的工作场所比以往任何时候都要少，这也没什么不好。当员工安于现状，但又找不到令人信服的理由去寻求额外的挑战时，就不会有太多的学习或创新——也不会有太多的投入或成就感。

但我最担心的不是舒适区或冷漠区。让我最为担忧的是右下象限。当绩效标准很高而心理安全水平很低时（这种情况在当今的工作场所太常见了），员工对直言不讳感到不安，工作质量和工作安全都会受到影响。在第 3 章和第 4 章，你会看到很多这样的工作场所。不幸的是，这些组织中的管理者将设定高标准和良好管理相混淆。在工作存在不确定性或相互依赖（或两者都有），同时又缺乏心理安全的情况下，高标准会导致不佳的表现。有时，正如你将在后续的章节中看到的，这是一场灾难。我称之为"焦虑区"。这里所说的焦虑不是指完成一个苛刻目标的焦虑或对于竞争性商业环境的焦虑，而是人际焦虑。在工作中，如果你有一个问题或一个想法，但又无法分享，你可能会感到非常不满。对于任何一家面临易变性、不确定性、复杂性和模糊性的公司来说，这都是一个严重的风险因素。[19]

最后，当绩效标准和心理安全水平都很高时（图 1.1 的右上角），我称之为"学习区"。如果工作存在不确定性或相互依赖，或者两者都有，这也是高绩效区。在这里，人们可以合作、互相学习，从而完成复杂、创新的工作。在 VUCA 的世界里，当人们边进步边学习时，高绩效就出现了。

衡量心理安全

研究人员和管理者可以通过手边的工具来确保心理安全，而且这些工具都是公开的。问卷调查在这些工具中无疑是最受欢迎的，在我的论文中介绍了 7 个在这一研究领域中应用最为广泛的调查项目（图 1.2）。

我使用 7 分制的李克特量表（从"完全同意"到"完全不

1. 如果你在这个团队中犯了错，往往会受到指责。（R）

2. 这个团队的成员能够提出问题，特别是棘手的问题。

3. 这个团队的人有时会因为别人与众不同而排斥别人。（R）

4. 在这个团队里冒险是安全的。

5. 向这个团队的其他成员求助很困难。（R）

6. 这个团队中没有人会故意破坏我的努力。

7. 与这个团队的成员一起工作，我独特的才能和专业能够得到重视和利用。

图 1.2　心理安全的调查项目[20]

同意"）来获得反馈，但 5 分制也可行。值得注意的是，七个项目中有三个表达是肯定的，即同意表示更大的心理安全感，三个表达是否定的（在图 1.2 中用"R"表示反向），即不同意表示具有较高的心理安全感。因此，在分析数据时，很重要的一点是要"反向评分"，即将数据集中的 1 转换为 7，将 7 转换为 1，将 2 转换为 6，等等。

　　幸运的是，心理安全措施被证明是稳健的，尽管使用的项目数量和措辞都有所不同。所谓稳健，是指所收集的数据显示了必要的统计特性，如项目间的信度（由克朗巴哈系数检验）和预测效度（由与其他相关变量的相关性检验）。本书后面的附录列出了我所知道的一些调查项目的变化。这项措施也被翻译成包括德语、西班牙语、俄语、日语、汉语和韩语在内的多种语言，并且都取得了非常稳健的研究结果。

在纯定性的个案研究中，可以对访谈数据进行编码，以检测心理安全存在与否。在第 2 章中就列举了几个采用这种方法的研究实例。另一种富有成效的方法是，为面试者提供工作中处于灰色地带的假设情景，并询问他们或他们的同事在这种情况下可能会怎么做。当人们相信自己的答案会被保密时，他们坦承，除非对自己想说的话能被很好地接受非常有信心，否则他们会有所保留。相比单纯的个人访谈，精心设计的小插图，以及询问人们会如何回应的问题，也可以被用来收集更多的员工的数据。我将在第 2 章中列举有关这两种方法的例子。

仅拥有心理安全还不够

我的意思并不是说心理安全就是高绩效所需要的全部。甚至远非如此。我想说的是，心理安全能让人们放下顾虑，从而实现可能实现的目标。但它不是驱动汽车的燃料。在任何具有挑战性的行业环境中，领导者都有两项至关重要的任务。第一，他们必须构建心理安全空间以刺激团队学习并避免可预防的失败；第二，他们必须设定高工作标准，并通过激励和赋能使人们达到这些标准。设定高标准是一项至关重要的管理任务，分享、磨砺和不断强调一个崇高的使命同样如此。

这一章所要表达的关键点是，在当今的大多数工作场所中，通过检查众所周知的小部件来确保卓越是不可能的。在知识型工作中，卓越无法简单地被衡量。更重要的是，几乎不可能确定人们是否达到最高标准。使不确定的项目结果变得清晰需要时间，对过程的良莠进行可靠的测量同样很难。换句话说，今天的领导者必须通过激励、指导、提供反馈和使卓越成为有价值的经验来让人们尽力做到最好。激励和指导已经得到了相当大的关注。我希望大家从本章了解到的是，创造一个公开交流挑战、担忧和机遇的安全氛围是 21 世纪的领导者最重要的责任之一。

第 1 章结论

●人们不断地管理工作中的人际风险，会有意或无意地限制思想、问题和担忧的公开分享。

●当人们沉默不语时，组织创新和成长的能力就会受到威胁。

●心理安全指的是一种氛围，在这种氛围中，人们感到足够安全，并可以承担由于畅所欲言，分享担忧、问题或想法而带来的人际风险。

●公司内部团队、部门、分支机构或其他群体的领导者在塑造心理安全方面扮演着重要的角色。

注释

1. Rozovsky, J. "The five keys to a successful Google team." *reWork Blog*. November 17, 2015. https//rework.withgoogle.com/blog/five-keysto-a-successful-google-team/Accessed June 13, 2018.

2. Goffman, E. *The Presentation of Self in Everyday Life*. Overlook Press, 1973. Print.

3. Edmondson, A. C. "Managing the risk of learning Psychological safety in work teams." *International Handbook of Organizational Teamwork and Cooperative Working*. Ed. M. West. London Blackwell, 2003, 255-276.

4. Merchant, N. "Your Silence is Hurting Your Company." *Harvard Business Review*. September 7, 2011. https//hbr. org/2011/09/yoursilence-is-hurting-your-companyAccessed June 13, 2018. *The Underpinning* 23.

5. Milliken, F. J., Morrison, E. W., & Hewlin, P. F. "An Exploratory Study of Employee Silence Issues that Employees Don't Communicate Upward and Why." *Journal of Management Studies* 40. 6 (2003) 1453-1476.

6. Edmondson, A. C "Psychological Safety and Learning Behavior in Work Teams." *Administrative Science Quarterly* 44. 2 (1999) 350-83.

7. Edmondson, A. C. "Learning from Mistakes Is Easier Said Than Done Group and Organizational Influences on the Detection and Correction of Human Error." *The Journal of Applied Behavioral Science* 32. 1 (1996) 5-28.

8. The research assistant, Andy Molinsky, is now an accomplished scholar and Professor of International Management and Organizational Behavior at Brandeis University.

9. Schein, E. H. & Bennis, W. G. *Personal and Organizational Change through Group Methods The Laboratory Approach*. Wiley, 1965. Print.

10. Schein, E. H. "How Can Organizations Learn Faster The Challenge of Entering the Green Room." *Sloan Management Review* 34. 2 (1993) 85-92. Print.

11. Kahn, W. A. "Psychological Conditions of Personal Engagement and Disengagement at Work." *Academy of Management Journal* 33. 4 (1990) 692-724.

12. Edmondson, A. C. "Learning from Mistakes Is Easier Said Than Done Group and Organizational Influences on the Detection and Correction of Human Error." *The Journal of Applied Behavioral Science* 32. 1 (1996) 5–28.

13. Edmondson, A. C. (1999), op cit.

14. Todes, D. P. *Ivan Pavlov A Russian Life in Science.* Oxford University Press, 2014. Print.

15. Rock, D. "Managing with the Brain in Mind." *strategy+business.* August 27, 2009. https//www.strategy-business.com/article/09306gko = 5df7f Accessed June 13, 2018.

16. Zink, C. F., Tong, Y., Chen, Q., Bassett, D. S., Stein, J. L., & Meyer – Lindenberg, A. "Know Your Place Neural Processing of Social Hierarchy in Humans." *Neuron* 58. 2 (2008) 273–83.

17. Edmondson, A. C. & Mogelof, J. P. "Explaining Psychological Safety in Innovation Teams Organizational Culture, Team Dynamics, or Personality" *Creativity and Innovation in Organizational Teams.* Ed. L. Thompson & H. Choi. Mahwah, NJ Lawrence Erlbaum Associates Press, 2005109–36.

18. This is a modified version of the framework first published by Edmondson, A. C. "The Competitive Imperative of Learning." *Harvard Business* 24 The Power of Psychological Safety *Review.* July–August, 2008. Print. It was later published in Edmondson, A. C. *Teaming How Organizations Learn, Innovate, and Compete in the Knowledge Economy.* San Francisco Jossey-Bass, 2012. Print.

19. Stiehm, J. H. & Townsend, N. W. *The U. S. Army War College Military Education in a Democracy.* Temple University Press, 2002. Print.

20. See Edmondson, A. C. "Psychological Safety and Learning Behavior in Work Teams." *Administrative Science Quarterly* 44. 2 (1999) 350–83.

第 2 章　来龙去脉

> 作为 CEO，我最大的恐惧是人们没有实话实说。
>
> ——马克·科斯塔[1]

2018 年春末，在哈佛商学院的一间教室里，伊士曼化工公司（Eastman Chemical Company）的 CEO 马克·科斯塔（Mark Costa）正在给 MBA 二年级学生做演讲。学生们都极为专注：科斯塔的自信、活力，还有他愿意忙中抽空与他们分享自己见解的热情，都带有"榜样"的力量。科斯塔毕业于哈佛商学院，在进入伊士曼担任高管之前已有多年战略咨询工作经验，之后被提拔为伊士曼的经营者。至今，科斯塔担任 CEO 已有四年，在此期间，他非常珍惜这样的机会，并尽职尽责地领导这家总部位于田纳西州金斯波特、市值 100 亿美元的全球特种化学品制造公司。在他的领导下，创新性特种产品（不是大宗商品）的销售占比稳步上升，这恰好符合他为公司制定的关键战略目标。财务业绩同样亮眼。要做到这些，就必须充分调动伊士曼分布在全球各地的 1.5 万名员工分享他们的专业知识、想法和对市场的判断。

科斯塔回顾了自己从商学院毕业以来 25 年中得到的经验教训，让即将毕业找工作的学生们颇为受益。正如本章开头的引言所传达的那样，科斯塔表示（可能令很多人感到惊讶），作为 CEO，他最大的恐惧就是不知道真实情况。他努力让员工清楚地认识到，他想知道真实情况——好、坏、丑恶或令人失望。他向在座的学生们解释，作为领导者，你必须"愿意示弱，不隐瞒自己的错误，这样，其他人才会放心"暴露自己的错误。[2] 谈到"狂妄自大"的风险，科斯塔补充："如果你觉得自己能够解答所有问题，那么你应该摒弃这样的想法，因为你终究会出错的。"[3]

在当今的组织中，心理安全并非"可有可无，有则更好"，也不是免费午餐或娱乐室之类你可能重视、认为它们能让人们在工作中感到快乐的员工福利。相反，我认为心理安全是释放才能和创造价值必不可少的要素。仅仅雇佣人才已不再够用。人们必须处于自己能够并愿意发挥自身才能的工作场所。对于任何需要知识的组织，尤其是需要融合多个专业领域知识的组织而言，心理安全是取得成功的必要条件。总之，如果公司要依靠知识和协作来实现创新和发展，那么是否就营造心理安全氛围进行投入已不再是一个需要抉择的问题。每位管理者都应该效仿马克·科斯塔。

不是员工福利

对于任何一家面对易变性、不确定性、复杂性和模糊性（VUCA）的外部环境的公司来说，心理安全都与利润直接挂钩。这是因为员工就市场和组织的观察、问题、想法和担忧可以为当下形势提供重要的信息。加之如今工作中的多样性、包容性和归属感日益备受关注，构建心理安全空间显然已成为领导者的一项重要职责。心理安全空间既可以塑造，也可以削弱员工贡献、成长、学习和协作的能力。

大众媒体对名词的使用频率可以作为衡量从业者对心理安全的关注的一种手段。为了衡量人们对这一概念的关注，我使用 Factiva 来查看报纸、文章、博客和其他新闻媒体提及该词的次数。图 2.1 所列为查询结果，该曲线图列明了自 1990 年以来"心理安全"被提及的次数。

我认为，近年来该词被提及的次数不断增加，说明越来越多人认识到：在任何允许人们尝试做一些具有新奇性或挑战性事情的环境中，心理安全都很重要。无论是在办公室领导项目团队[5]，还是在医院病房照顾患者[6]；无论是在球场上指导板球队[7]，还是在学校教育辅导青少年学生[8]；无论是鼓励他人讲出

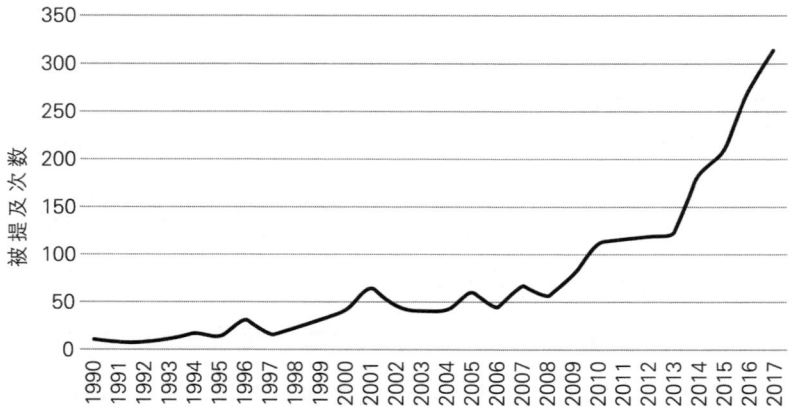

图 2.1　大众媒体提及心理安全的次数[4]

做错的事情[9]，还是登上火星![10] 在各种各样的团队和组织环境中，心理安全都是交流、协作、试验以及确保大家幸福感的关键。

学术论文对介绍团队心理安全概念和衡量方法的文章的引用次数是用来衡量研究者对心理安全的关注的另一种手段。[11] 如图 2.2 所示，我的文章自 1999 年发表以来，被引用的频率较高，且被引用次数逐年升高。该指标能够快速简单地衡量有多少学术研究发现心理安全这一变量可用于解释研究中受到关注的结果。

本章回顾了我在 20 年研究历程中发现的心理安全有益于组织的证据，为第二部分中低水平和高水平心理安全的工作场所的真实事例奠定了基础。在过去的 20 年中，学者、顾问和

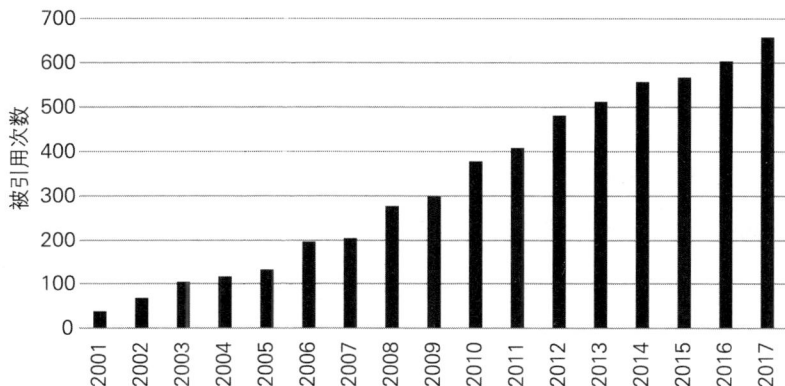

图 2.2　1999 年介绍团队心理安全空间的文章的被引用次数[12]

公司内部人员发表了许多严谨的研究成果，均表明心理安全在各种行业环境中能够产生影响。通过分享其中一些要点，我希望使读者相信心理安全在现代工作场所中的重要性。我希望，大家能够明白本书的观点和事例都是有数据支持的，从而激励更多的读者在了解这一事实的基础上采取行动。

相关研究

我和我的同事对一些有关心理安全的学术论文进行了回顾。令我们感到吃惊的是，关于心理安全已有大量相关研究，且研究涉及领域相当广泛。就公司、政府组织、非营利组织、学校系统、医院和教室进行的研究都突显了跨行业领域对心理安全的关注日益增长。

在参阅了 100 多篇文章后，我们发现有大量证据表明心理安全至关重要，它影响着从员工的错误率[13]到公司的投资回报等一系列可衡量的成果。[14]遗憾的是，研究也表明，许多工作场所缺乏心理安全，阻碍了员工的投入、参与和学习，而这些对于在复杂动荡的世界中取得成功至关重要。

我将相关研究分为五类。第 1 组旨在表明许多工作场所的心理安全缺乏程度。第 2 组涉及的研究数量最多，旨在调查心理安全与学习之间的关系。通过这些研究，我们发现了心理安全促进创造力，错误报告和知识分享的证据，以及检测改变需求或帮助团队和组织做出改变的行为。第 3 组发现心理安全与绩效呈正相关关系，而第 4 组发现心理安全与员工敬业度呈正相关关系。

最后，第 5 组涵盖研究人员所谓的"调节变量研究"。这类研究表明，心理安全能够改变另一项团队属性与成果（绩效）之间的关系。团队属性可能是多样化的专业技能，这自然会对团队如何有效开展工作提出挑战。同样，如果一个团队的成员分布在不同的地理空间，可能难以互相协作。研究表明，心理安全让团队能够更加轻松地应对此类挑战。如果人们可以畅所欲言、提出问题并互帮互助地解决问题，他们就更有可能克服跨学科或跨时区合作产生的障碍。

流行的沉默病

可能大家在工作中都会有这样的经历——自己提出的问题其实并不是自己真正想问的问题。或者你本来想提出想法，最后却选择了沉默。多项研究表明，这种沉默是非常普遍的。通过对职场人士进行的访谈数据的采集并分析，我们针对人们在工作场所中不敢开口的场合和原因进行了深入研究。通过这项工作，我们首次发现，即使人们坚信自己要说的话可能对组织、客户或自己都很重要，他们也常常会缄默不语。

这些发现真是令人痛心。没有人会因沉默获利，团队也会错失一些深刻见解。那些没有说出来的人经常会感到后悔或痛苦。有些人希望自己当时能直言不讳，另一些人则意识到，如果自己能够贡献更多就能在工作中体验到更多的成就感和意义感。没有机会听取同事意见的人不会知道自己错过了什么，而实际情况是，问题没有上报，错过了改进机会，有时还会发生本可以避免的惨痛的失败。

在有关职场沉默的早期研究中，纽约大学的管理研究人员弗朗西斯·米利肯（Frances Milliken）、伊丽莎白·莫里森（Elizabeth Morrison）和帕特里夏·赫林（Patricia Hewlin）对40位咨询、金融服务、媒体、制药和广告业全职从业人员进行了访谈，以了解员工为什么在工作中无法畅所欲言以及他们通常不敢提出的问题有哪些。[15]当被要求解释为什么保持沉默时，人们常常回答是因为不想给人留下不好的印象。另一个普遍原因是不想让人感到尴尬或不安。还有一些人则表示有一种徒劳的感觉——沿用一句台词："反正无关紧要，又何必多此一举？"还有一些人说害怕被报复。但是，人们提到最多的保持沉默的原因有两个：一是害怕别人对自己产生负面看法或贴上负面标签，二是害怕破坏工作关系。从定义上来看，这种恐惧和心理安全正好相反，它在无畏的组织中根本不存在。

员工想要畅所欲言的问题既有组织的，也有私人的，涉及一些很难说出来的担忧，比如关于性骚扰、主管的能力不足或自己曾经犯下的错误，这都是可以理解的。然而，更令人惊讶的是，有关改善工作流程的建议他们也会选择保留。总之，人们在工作中不仅不会说出可能带有潜在威胁性或令人尴尬的话语，也拒绝说出改进意见，这些在我后来的研究中更加系统地证明了这一点。尤其是，每位受访者都报告说至少有一次无法开口。大多数人发现自己会遇到这样的情况——明明非常在意某个问题，却仍然没有上报主管。

我后来在一家制造公司进行的一项大规模研究的调查数据表明，人们保持沉默都是出于非常相似的原因。[16]具体来说，那些令员工从心理上感觉开口说话不安全的原因包括：害怕破坏人际关系、缺乏自信和自我保护。在另一项研究中，社会心理学家瑞妮·泰南（Renee Tynan）对商学院学生与前任上司的关系进行了调查，以了解人们何时以及为什么会（或不会）向上级讲出自己的想法。她发现，当人们在心理上感到安全时，就会对老板直言不讳。尽管存在人际风险，他们仍能够寻求帮助、承认错误。当他们在心理上感受不到安全时，往往会保持沉默或改变自己要传达的信息，以免触怒老板。

几年前，我和弗吉尼亚大学教授吉姆·德特（Jim Detert）采访了一家大型跨国高科技公司的 230 多名员工。[17] 我们请各级别、不同地区和职能的受访者讲一讲自己在工作中会/不会向直属经理或公司中其他更高级别的领导直言不讳的事例。同样，这里的所有受访者都能够轻易列举一次他们没有说出自己认为重要的事情的情况。我和吉姆梳理了累积数千页的反馈，希望找出是什么促使人们畅所欲言，也许更重要的是，是什么让人们缄默不语。

美国一家工厂的制造技师告诉我们，他曾经有过加快生产流程的想法，却没有说出来。当我们问及原因时，他回答："我还有孩子在上大学。"乍一听，答非所问，但他话里的意思很清楚：他觉得自己不能贸然开口，因为无法承受丢了工作的风险。我们继续深入，想听到是否真的有人因为直言不讳而失去工作，这位助理则表示，情况并非如此。事实上，他回答："呃，谁都知道我们从来不解雇人。"他这样说并非语带讽刺，他也承认，怕因为自己坚信的好主意而惹麻烦最终保持沉默的做法并不合理，他心里很明白这一点。然而，即使上司本性善良，不觉得自己是令人生畏的人，沉默的引力也令人无法抗拒。人们在工作中很容易受到一种隐性逻辑的影响，即"谨言慎行不吃亏，轻率莽撞必后悔"。许多人只是从其早期的学校教育或培训中习得了一些观念。一旦他们停下来深入地思考一下，可能会意识到自己过于谨慎，但是很少有人鼓励进行这种反思。

最终，我们发现了一种观念，工作中抗拒开口说话普遍被认为理所当然。我们将此称为"内隐建言理论"。见表 2.1，这些观念本质上是对于什么时候适合/不适合在组织中向上级进言的看法。为了检验从一家公司收集的内隐性理论，我和吉姆以许多其他公司的管理者为对象进行了虚拟场景研究。我们设计了一些虚拟的场景，以测试人们何时以及是否会在判断是否开口时采用特定的决策规则。例如，有个情境是一名员工想与老板分享一项重要的纠正措施：在其中一个版本中，直属上司的上司也在场；在另一个版本中，只有直属上司在场。当直属上司的上司不在场时，作为我们研究对象的管理者更有可能指出纠正措施。

表 2.1 理所当然的职场发言规则

决定何时开口说话或保持沉默的理所当然的规则	采访实例
对于上司可能插手的事情，不要随意发表评论	"这样做本身就是有风险的，因为对于我提出有问题的任务，上司可能觉得他是这项任务的负责人。" "上司也许已经建立了流程，他与流程有关系，可能会受到冒犯。"
没有可靠的数据，就不要说话	"我认为，提出一个研究不足的不成熟想法从来就不是个好主意。" "你质疑他们的想法，最好有证据能够支持你的说法。"
上司的上司在场时，不要开口	"如果有更高级别的人在场，那是有风险的，因为你害怕自己的直属上司觉得你越级了。" "我的上司会觉得'向他的上司开口'是搞破坏，不胀管。"
不要在小组中发表任何对工作的负面评价，以免上司丢面子	"经理们不喜欢在别人面前难堪。最好面对面地向他们说明情况，这样，上司在团队面前才不会显得难堪。" "你应该首先私下向上司讲明情况，以免他'遭受突如其来的重击'。"
说出来会影响自己的事业	"叫停或评论一个项目将会终结我们的职业生涯。" "会产生长期的不良后果，因为'高层'不喜欢处于尴尬境地。"

一般而言，这些关于开口说话的观念（所谓的理所当然的规则）只会让生产率提升、创新或员工敬业度变得更加困难。俗话说，坏消息不会向上传递。但我们发现，人们在工作中宁求稳妥、不愿涉险，所以经常会隐瞒好主意，而不仅是坏消息。他们本能地认识到吉姆和我所说的"建言与沉默的失衡"。想想控制发言的自动微积分运算法则。见表 2.2，建言很费力，且可能在关键时刻（但也可能不会）起到真正的作用。遗憾的是，在很多时候，潜在的好处要过一段时间才能体现，或者甚至根本不会体现。沉默是本能且安全的，它具有自我保护的好处，这些好处既是即时的也是确定的。

表 2.2　为什么沉默能够在建言—沉默权衡中获胜

	谁受益	好处什么时候实现	实现好处的确定性水平
建言	组织和/或客户	过一段时间	低
沉默	自己	立即	高

还有一种思考建言—沉默不对称的方式可用一句话来概括——"从未有人因为保持沉默而被解雇"。谨言慎行是一种强大的本能。组织中的人不会自发地承担人际风险，我们不想无意中冒犯权威。我们确信，如果保持沉默自己就会安全；我们不太相信，自己的意见真的会扭转乾坤。这就是建言抑制性复合因素。

我和吉姆发现的另一种内隐建言理论解释了人们为什么隐瞒好主意，而不仅仅是坏消息：害怕因为暗示当前的方法或流程存在问题，而冒犯组织中更高级别的人。如果当前的系统实际是上司的得意工作，该怎么办？一旦提出更改建议，我们可能就是在说上司的工作做得不到位。最好还是保持沉默。

由于不敢挑战这些被广为接受的理所当然的说话规则，这家业务分布在全球各地的员工剥夺了其同事的创意和创造力——讽刺的是，公司要想取得长久的成功，还要依靠员工的专业知识和创意。而员工们自己也在失去一些东西——错失按照自己的想法采取行动并创造改变的机会。他们只是每天出现在工作场所，做自己的工作，却没有帮助创造一个学习型组织。

支持学习的工作环境

考虑到职场人士通常选择沉默而不是建言的这种有据可查的倾向，那么当有些时候竟然有人讲出可能很敏感或危及人际关系的话时，就着实令人惊讶。心理安全就是这么产生的。越来越多的研究发现，心理安全在工作场所是可以存在的，有了心理安全空间，人们就会开诚布公、提供创意、报告错误并展现出更多我们所说的"学习的行为"。

从错误中学习

例如，在对比利时四家医院的护士进行的一项研究中，由汉内斯·勒罗伊（Hannes Leroy）领导的一组研究人员探讨了护士长如何鼓励其他护士报告错误，同时还要求执行严格的安全标准。[18]其中面临的一大挑战在于：要求人们执行最高质量（可以说是零错误）的工作，且愿意谈论确实发生的错误。勒罗伊和他的同事们对 54 个科室的护士进行了调查，并对一系列相互关联的因素进行衡量，包括心理安全、错误报告、实际发生的失误数量、护士对于科室优先考虑患者的安全以及护士长是否遵守安全协议的观念。

勒罗伊发现，心理安全水平较高的小组向护士长报告的错误更多。这一发现与我在研究生时期对用药错误的研究的发现相符。[19]更引人关注的是，他们发现，如果护士认为患者安全是科室的重中之重，且心理安全水平很高，发生错误的次数就会减少。相反，如果心理安全水平较低，尽管护士认为科室已经声称对患者安全负责，发生错误的次数还是会增加。总之，心理安全的团队犯下的错误更少，也会更多地报告错误。在类似情况下，我发现良好的领导力（例如，护士长恪守安全承诺，愿意倾听他人的想法），加上所有人都能够清楚地认识到这项工作的复杂性和相互依赖性，可帮助小组构建心理安全空间，让成员做到坦诚——保证现代医院患者护理质量的关键。

质量改进：内容学习和方法学习

几乎每个组织都希望不断提升质量。尤其是医院，一直在不断努力改善无数患者护理流程。科室主管创造构建心理安全空间的条件和仅仅指挥工作人员完成改进项目两者之间，会产生不同的效果吗？

我和沃顿商学院的英格丽德·内姆哈德（Ingrid Nembhard）教授以及波士顿大学的安妮塔·塔克（Anita Tucker）教授一起，对北美 23 家医院新生儿重症监护病房（NICU）的 100 多个质量改进（QI）项目团队进行了研究。[20]我们请质量改进团队成员讲一讲自己做的哪些事情有助于改善病房的工作流程，结果发现这些行为可分为两种不同的学习行为，我们称之为内容学习和方法学习。内容学习是一些在很大程度上相互独立的活动，例如通过阅读医学文献来了解最新的研究发现。相反，方法学习是基于团队的学习行为，包括分享知识、提供建议、通过头脑风暴提出更好的办法。

令我们感兴趣的是，我们发现，心理安全预示着方法学习行为（伴有人际风险的行为）呈增长趋势，但与内容学习活动所体现的比较独立的行为不存在相关性。该结果的可靠性证明，心理安全可帮助人们化解方法学习行为的人际风险，从而促进学习。对于自己可以独自完成的各种学习（看书、参加在线课程），心理安全并非关键，这一点不足为奇。昔日，工作可能主要是一些界限清楚的任务，例如，给老板打字，或给医生递上正确的手术刀，心理安全并不重要，我们的研究结果也可为其中的原因提供证明。

减少权变措施

"权变措施"是安妮塔·塔克在21世纪初对护士进行的一项令人瞩目的行为研究中发现的一种现象，是人们在工作中遇到的问题干扰了其执行必要任务的能力时而采取的捷径。[21]权变措施能够达成眼下的目标，但对于判断或解决最初引起使用迂回之术的问题却于事无补。

权变措施的问题在于，它是行得通的。实施权变措施，似乎能够完成工作，但实施权变措施会产生新的微妙的问题。首先，权变措施有时会产生其他方面的意外风险或问题。例如，在遇到必需物资投放短缺时（例如医院科室的床单），员工可能发现另一个科室有床单，便按需求取走床单，但如果之后有同事发现床单不够用，就没有床单领用了。其次，权变措施会延迟或妨碍流程改进。引发采取权变措施的问题可以看作需要对系统或过程做出改变的小信号。权变措施绕过了问题，帮助完成了眼下的工作，却压制了这种信号，但从长远来看，它并非是有效地完成了这项工作。更困难的是，这需要跨部门协作，而且需要护士制定一套新的各科室床单供应办法的系统。

员工没有足够的安全感，就不会畅所欲言，提出改进系统的建议，这时，他们可能会采取权变措施。确实，在另一项医院研究中，乔纳森·哈尔贝斯莱本（Jonathon Halbesleben）和谢丽尔·拉瑟特（Cheryl Rathert）发现，心理安全水平较低的癌症小组会更多地采取权变措施，而心理安全水平较高的小组则更加注重诊断问题并改进引起问题的过程，确保今后不再发生同样的问题。[22] 哈尔贝斯莱本和拉瑟特为我们提供了更多证据，表明心理安全对于希望改进流程的组织具有重要意义。他们的研究表明，有了心理安全，人们更容易报告问题，改变并改善工作流程，而不是采取适得其反的权变措施。

在一家制造公司对流程改进项目进行的另一项研究也发现，心理安全水平更高的项目更为成功。在这里，研究人员按照全面质量管理（TQM）原则对 52 个流程改进小组进行了研究。他们发现，即使采用高度结构化的流程改进方法，人际氛围也对成功至关重要。[23]

信心不足时分享知识

你可能会认为，说出创意比说出错误容易。现在，假设你在工作时有了一个想法，你有 95% 的信心，认为这个想法很有创意或会引人关注。这时，你大概能轻松地说出来。现在，假设在同样的情况下，你对自己的想法只有 40% 的信心。大多数人会犹豫，也许会估量同事的接受度。换句话说，如果你十分相信自己想说的内容有价值或是准确的，才更有可能开口说出来。但是，如果你对自己的想法或知识缺乏信心，可能会保留不说。

明尼苏达大学恩诺·西姆森（Enno Siemsen）教授和他的同事对美国多家制造公司和服务公司进行的一项特别引人注目的研究发现，自信与心理安全之间存在一种直观上有趣的关系。[24]和预期的一样，人们对自己的知识越自信，开口的次数也越多。更为引人关注的是，心理安全感高的工作场所能够帮助人们克服信心不足的问题。换句话说，如果你的工作场所构建了心理安全空间，那么即使信心不足，你也更容易开口说话。鉴于个人的信心和想法的价值并非总是紧密相连，心理安全对于促进知识分享行为可能有很大的作用。同事之间的交流频率也影响着心理安全。换言之，彼此之间的交流越多，交流起来也就越舒畅。

为什么心理安全对工作表现至关重要

为了弄明白为什么心理安全会提升工作表现，我们需要回过头来重新思考一下当今组织中许多工作的性质。随着可预测的常规模块化工作不断减少，越来越多的工作需要人们做出判断，应对各种不确定性，提出新的想法，并与他人沟通协调。这意味着建言成了关键任务。因此，除了最独立或常规的工作以外，心理安全对于使人们畅所欲言、不断追求卓越至关重要。

20 世纪 50 年代中期，我开始研究一家制造公司中的 50 个团队（包括销售、生产、新产品开发和管理团队），希望证实心理安全与学习行为之间存在着某种关系。在此期间，我通过两种方法对各团队的表现进行了评估：一种方法是自我报告，即让团队成员按 1~7 分给团队表现打分，并对此保密。另一种方法更为客观。我请对这些团队的工作进行评估的经理以及接收其工作成果的（内部）客户同样按 1~7 分给每个团队的表现打分，同样完全保密。令人高兴的是，数据显示，心理安全的团队表现更好——该结果对以上两种表现衡量手段均适用。[25]

研究人员马库斯·贝尔（Markus Baer）和迈克尔·弗里斯（Michael Frese）对这一问题进行了深入分析，他们以工业和服务行业中的 47 个德国中型公司为研究对象，证明了心理安全能够提高公司业绩。有两个指标来衡量公司业绩：资产回报率的纵向变化（资产之前产生的收益保持不变），以及管理层对公司目标实现的评分。[26]这些公司都在进行流程创新。但是，只有组织构建了心理安全空间，流程创新工作才能促进更好的业绩表现。总之，流程创新可能是提高公司业绩的好方法，但心理安全的环境有助于实现投资回报。

研究还表明心理安全与创新之间存在某种关系。例如，Chi-Cheng Huang 和 Pin-Chen Jiang 收集了几家台湾技术公司的 60 个研发团队的 245 名成员的调研数据，结果发现，心理安全的团队的表现优于其他团队。[27]研究人员解释说，没有心理安全，团队成员会因为害怕遭到否定或尴尬而不愿发表意见或分享知识。他们强调，心理安全对研发团队特别重要，因为团队必然要经过冒险和失败后才能取得成功。

最后，对 Google 团队进行的一项名为"亚里士多德计划"的多年研究发现，心理安全是用来解释为什么有些团队比其他团队表现好的关键因素；2016 年，查尔斯·杜希格在《纽约时报》上发表的一篇详细的专题文章对该项研究进行了报告，之后博客圈也对此进行了广泛讨论。[28]Google 内部富有经验的"人员分析（People Analytics）"团队的研究人员回顾了有关团队效率的学术论文。他们首先考虑到团队组成——团队的历史研究中一个很重要的变量，主要在于团队成员掌握的技能是否适于他们将要从事的工作。

在茱莉亚·罗佐夫斯基的带领下，研究人员在对全公司的 180 个团队进行分析时，考虑了教育背景、爱好、朋友、个性特征等因素，但没有任何发现。没有发现任何个性类型、技能或背景的组合能够解释"哪些团队表现好，哪些团队表现不好"。至于为什么有些团队不断发展壮大，而有些却以失败告终，似乎没有答案。然后，正如杜希格所写的那样："当罗佐夫斯基和她的同事在学术论文中看到心理安全的概念时，似乎一切突然都可以理解了。"[29] 他们发现，即使是聪明绝顶且身居要职的 Google 员工，也需要处于心理安全的工作环境中，才能充分发挥自己的才能。该研究小组还发现了其他四个有助于解释团队表现的因素——明确的目标、可信赖的同事、对个人有意义的工作以及坚信所做的工作是有影响的。然而，正如罗佐夫斯基所说（即第 1 章开头的引言），"到目前为止，心理安全是五个关键要素中最重要的……它是其他四个要素的基础。"[30]

心理安全的员工比较敬业

员工敬业度是预测员工流失率的一项重要衡量手段，一直以来都是研究重点，在此基础上，高管们近年来对员工敬业度的研究兴趣逐渐浓厚。今天，大多数管理者都明白员工的满意度很重要，但它并不是一切。满意度指的是员工的幸福感或满足感，并不能体现员工对工作的情感投入，或全身心投入、好好干的积极性。敬业度是指员工对工作充满热情并忠于组织的程度，被视为主动投入工作的意愿的衡量指标。已有多种用于衡量员工敬业度的手段经过验证，大多数高管认为员工敬业度是公司取得良好业绩的一项重要因素。

有关员工敬业度的最新研究将心理安全列入关注范围。例如，在中西部的一家保险公司进行的一项研究发现，心理安全可预测员工的敬业度。反过来，与同事之间的支持性关系能够增强心理安全。[31]另一项研究探查了员工对最高管理层的信任与员工敬业度之间的关系。几位作者通过 6 个爱尔兰研究中心的 170 位研究人员的调研数据，表明对最高管理层的信任能够产生心理安全感，而心理安全反过来又提升了员工敬业度。[32]最后，对在德国就业的土耳其移民进行的一项研究发现，心理安全与敬业度、心理健康和离职意向有关。此外，他们发现，同一家公司，心理安全对移民的积极影响比对德国员工高[33]。

　　员工敬业度真正重要的一个领域是医疗服务。一线员工面临着较大的压力，承担着关乎生死的工作，情感负担较重。员工散漫会产生安全风险和人员离职。人员离职会提高招聘和培训成本，而且缺乏经验的员工所占比例会升高。因此，专家们对人员流动的担忧引起了人们对改善医疗工作环境的研究兴趣，因为改善医疗工作环境也是留住员工的一项策略。在近期的一项研究中，对一家大城市医院的临床工作人员进行的一项调查发现，心理安全与对组织的承诺和患者安全有关。几位作者指出，让员工能够放心说出各种问题的工作环境，会令人们觉得能够提供安全的护理服务并全身心投入工作，因而对于医疗业特别重要。[34]

心理安全为额外要素

第五组（也是最后一组）研究强调的是心理安全对于改变其他变量之间强弱关系的作用。在这些研究中，心理安全就像是一种调节变量（使用统计语言），它能够增强或减弱其他关系。研究发现，心理安全可以帮助团队克服地域分散带来的挑战，善用冲突并利用多样性。

克服地域分散难题

团队成员在全球不同地区工作，他们甚至可能从未谋面，这样的情况越来越普遍。这些所谓的虚拟团队面临着一些挑战：通过电子媒体进行沟通，管理国家文化多样性，处理时区差异问题以及应对随着时间推移而不断变化的成员资格。经证明，心理安全可以帮助虚拟团队应对这些挑战。例如，西澳大利亚大学的克里斯蒂娜·吉布森（Cristina Gibson）教授和美国罗格斯大学的詹妮弗·吉布斯（Jennifer Gibbs）教授对 14 个创新团队（团队成员分布在 18 个国家）进行了一项宏大研究，结果表明，心理安全能够帮助成员分布在各地的团队应对地域分散的挑战。[35]有了心理安全，团队成员就会不那么在意他人对自己的看法，并且能够更好地坦诚沟通。

善用冲突

冲突是多数团队面临的另一个挑战——无论他们是面对面一起工作，还是分布在全球各地。从理论上讲，冲突兼顾着各种看法和视角，可以促进更好的决策和创新。但是，实际上，人们并不总是善于解决冲突并善加利用。[36]因而，很容易让人忐忑不安或固执己见，最终会完全浪费消除分歧、改善工作的机会。最近的研究发现，冲突是被善加利用，还是妨碍团队表现，心理安全起着决定性作用。例如，在对117个学生项目组的研究中，布雷特·布拉德利（Bret Bradley）和他的同事们发现，心理安全能够调节冲突与表现之间的关系：当团队的心理安全水平较高时，冲突会促成良好的团队表现；反之，则导致低效表现。[37]他们认为产生这种结果的原因在于，团队成员能够表达相关想法和进行批判性讨论，而不会感到尴尬或产生过度的冲突。

大家可以看到，有关心理安全的研究涉及工厂、医院和教室等多种不同的环境。然而，事实是，在注重创造一种充满好奇和坦诚（即心理安全）的氛围之时，对各种战略决策进行左思右想的高管也能从中受益。在与行动研究科学家戴安娜·史密斯（Diana Smith）一同研究最高管理层时，我们分析了他们谈话的详细记录，希望说明对于面临战略难题的高层管理团队，如何才能创造一种允许坦诚地讨论战略歧见的心理安全氛围，以及如何做能够产生有效决策。[38]

从多样性中获益

为了充分利用多样化专长，通常会让多个团队聚在一起。但这往往低估了融合多样化知识、观点和技能带来的挑战，而期望的协同作用永远不会实现。最近的一项研究表明，心理安全既可成就，也可破坏不同团队的绩效成果。研究人员对法国一所大学中的硕士生（195 个小组）进行了调查，结果发现心理安全水平很高时，专业知识多样化的小组绩效良好，反之则很差。[39]

最后，多项研究探讨了人员多样性对团队表现的影响。有些研究表明，多样性有助于提升团队表现，而有些研究则发现多样性与团队表现之间存在负相关关系。不同的研究得出互相冲突的结果，通常表明缺少调节变量。在这种情况下，心理安全可能就是这一缺少的变量———一种可能成就或破坏一支多样性团队充分利用不同观点的能力的因素。确实，在对中西部一家中型制造公司进行的一项研究表明，多样性和心理安全的积极氛围有助于提高主动性。与白人相比，少数族裔体现出的这类关联性更强，这表明心理安全对于少数族裔树立工作敬业度和价值感可能起着特别重要的作用。[40]

将研究投入实际应用

本部分总结的研究数量不断增长，不同行业背景下的研究均得出了一致的结果，这进一步证明心理安全确实让世界各地的组织和国家受益良多。心理安全不仅仅具有学术研究价值，它还吸引了几乎各个行业内工作人员的关注，尤其是在 Google 的"亚里士多德项目"之后，《纽约时报》和 CNN 节目 Fareed Zakaria GPS 对此都有专题报道。[41]越来越多的专业人员（包括顾问、经理、医生、护士和工程师）都在谈论心理安全。但是，很少有人意识到证明心理安全很重要的相关证据完全是有证明力的，而停下来认真反思自己公司缺少心理安全时会失去些什么的人更是少之又少。

无论你在哪里工作，都需要牢记很重要的一点——不能出现员工在关键时刻无法开口直言的情况。无论他是一线客服人员，还是在执行董事会会议室中坐在你旁边的人，都是如此。而且，由于不发表意见是一种无形的举动，因此很难实时纠正。这意味着，心理安全水平高的工作场所在竞争性行业中具有强大的优势。

第二部分的前四章生动地描绘了工作场所恐惧的影响（第 3 章和第 4 章）以及心理安全对组织表现和人身安全的意义（第 5 章和第 6 章）。我们将走访国内外 20 多个组织，包括传统和新型组织、大规模和小规模组织以及私人和公共机构。通过调查大众汽车和富国银行等各类公司发生的事件，我希望能够将自己对恐惧支配的工作场所失去的东西的深入理解传达出来，二十年的研究证明了恐惧文化是要付出代价的，但恐惧支配的工作场所通常依旧是世界各地组织的标配。我还将对皮克斯动画工作室和 DaVita Kidney Centers 等多个无畏的组织进行深入探究，希望能将获得的一切成果传达给大家。

第 2 章重要结论

- 心理安全不是员工福利，而是在 VUCA 世界中取得良好绩效的关键。

- 当今的组织往往缺乏心理安全。

- 二十年来对心理安全的研究表明，心理安全对于各种组织的学习行为、敬业度和绩效有着积极意义。

注释

1. Mark Costa, CEO of Eastman Chemical, HBS class comments, April 18, 2018.

2. *Ibid.*

3. *Ibid.*

4. The data in this chart comes from a Factiva search, conducted May 25, 2018. Factiva, Inc. is a business information and research tool owned *The Paper Trail* 47 Dow Jones & Company. Factiva provides access to more than 30, 000 sources, such as newspapers, journals, magazines, and more from nearly every country in the world. Thus, the search was quite comprehensive.

5. Corcoran, S. "A good boss makes for a happy team." *The Sunday Times.* September 24, 2017. https//www. thetimes. co. uk/article/a – goodboss – makes – for-a-happy-team-r30ndjjfvAccessed June 13, 2018.

6. Blumental, D. & Ganguli, I. "Patient Safety Conversation to Curriculum." *The New York Times.* January 26, 2010. https//www. nytimes. com/2010/01/26/health/26error.html Accessed June 13, 2018.

7. "Six and Out What Australia's cricket scandal tells us about the six golden rules of integrity." *The Mandarin*, March 28, 2018. https//www. themandarin. com.au/90552 – australian – cricket – scandal – sixgolden – rules – integrity/Accessed June 13, 2018.

8. Vander Ark, T. "Promoting Psychological Safety in Classrooms for Student Success." *GettingSmart. com*, December 29, 2016. http//www. gettingsmart.com/2016/12/promoting – psychological – safety – inclassrooms/Accessed June 13, 2018.

9. Wallace, K. "After # MeToo, more women feeling empowered." *CNN Wire*, December 27, 2017. https//www. cnn. com/2017/12/27/health/sexual – harassment-women-empower-ment/index.html Accessed June 13, 2018.

10. Landon, L. B., Slack, K. J., & Barrett, J. D. "Teamwork and Collaboration in Long-Duration Space Missions Going to Extremes." *American Psychologist* 73. 4 (2018) 563-575.

11. Edmondson, A. C. "Psychological Safety and Learning Behavior in

Work Teams." *Administrative Science Quarterly* 44. 2 (1999) 350-83.

12. This citation data was obtained from Google Scholar, accessed May 25, 2018.

13. Frese, M. & Keith, N.　"Action Errors, Error Management, and Learning in Organizations." *Annual Review of Psychology* 66. 1 (2015) 661-87.

14. Baer, M. & Frese, M. "Innovation Is Not Enough Climates for Initiative and Psychological Safety, Process Innovations, and Firm Performance." *Journal of Organizational Behavior* 24. 1 (2003) 45-68.

15. Milliken, F. J., Morrison, E. W., & Hewlin, P. F. "An Exploratory Study of Employee Silence Issues That Employees Don't Communicate Upward and Why." *Journal of Management Studies* 40. 6 (2003) 1453-76.

16. Brinsfield, C. T. "Employee Silence Motives Investigation of Dimensionality And Development of Measures." *Journal of Organizational Behavior* 34. 5 (2013) 671-97. 48 The Power of Psychological Safety

17. Detert, J. R. & Edmondson, A. C. "Implicit Voice Theories Taken-for-Granted Rules for Self-Censorship at Work." *The Academy of Management Journal* 54. 3 (2011) 461-88.

18. Leroy, H., Dierynck, B., Anseel, F., Simons, T., Halbesleben, J. R. B., Mc Caughey, D., Savage, G. T., & Sels, L. "Behavioral Integrity for Safety, Priority of Safety, Psychological Safety, and Patient Safety A Team-Level Study." *Journal of Applied Psychology* 97. 6 (2012) 1273-81.

19. Edmondson, A. C. "Learning from Mistakes Is Easier Said Than Done Group and Organizational Influences on the Detection and Correction of Human Error." *The Journal of Applied Behavioral* Science 32. 1 (1996) 5-28.

20. Tucker, A. L., Nembhard, I. M., & Edmondson, A. C. "Implementing New Practices An Empirical Study of Organizational Learning in Hospital Intensive Care Units." *Management Science* 53. 6 (2007) 894-907.

21. Tucker, A. L. & Edmondson, A. C. "Why hospitals don't learn from failures Organizational and psychological dynamics that inhibit system change." *California Management Review* 45. 2 (2003) 55-72.

22. Halbesleben, J. R. B. & Rathert, C. "The Role of Continuous Quality

Improvement and Psychological Safety in Predicting Work—Arounds." *Health Care Management Review* 33. 2 (2008) 134–144.

23. Arumugam, V., Antony, J., & Kumar, M. "Linking Learning and Knowledge Creation to Project Success in Six Sigma Projects An Empirical Investigation." *International Journal of Production Economics* 141. 1 (2013) 388–402.

24. Siemsen, E., Roth, A. V., Balasubramanian, S., & Anand, G. "The Influence of Psychological Safety and Confidence in Knowledge on Employee Knowledge Sharing." *Manufacturing & Service Operations Management* 11. 3 (2009) 429–47.

25. Edmondson, A. C. (1999), op cit.

26. Baer, M. & Frese, M. (2003), op cit.

27. Huang, C., & Jiang, P. "Exploring the Psychological Safety of R&D Teams An Empirical Analysis in Taiwan." *Journal of Management & Organization* 18. 2 (2012) 175–92.

28. Duhigg, C. "What Google Learned From Its Quest to Build the Perfect Team." *The New York Times Magazine*, February 25, 2016. https//www.nytimes.com/2016/02/28/magazine/what－googlelearned－from－its－quest－to－build－the－perfect－team.htmlAccessed June 13, 2018.

29. *Ibid. The Paper Trail*49.

30. Rozovsky, J. "The five keys to a successful Google team." *reWork Blog.* November 17, 2015. https//rework.withgoogle.com/blog/five－keysto－a－successful－google－team/Accessed June 13, 2018.

31. May, D. R., Gilson, G. L., & Harter, L. M. "The Psychological Conditions of Meaningfulness, Safety and Availability and the Engagement of the Human Spirit at Work." *Journal of Occupational and Organizational Psychology* 77. 1 (2004) 11–37.

32. Chughtai, A. A. & Buckley, F. "Exploring the impact of trust on research scientists' work engagement." *Personnel Review* 42. 4 (2013) 396–421.

33. Ulusoy, N., Möders, C., Fischer, S., Bayur, H., Deveci, S., Demiral, Y., & Rösler, W. "A Matter of Psychological Safety Commitment and Mental Health in Turkish Immigrant Employees in Germany." *Journal of Cross－*

Cultural Psychology 47. 4（2016）626-645.

34. Rathert, C., Ishqaidef, G., May, D. R. "Improving Work Environments in Health Care Test of a Theoretical Framework." *Health Care Management Review* 34. 4（2009）334-343.

35. Gibson, C. B. & Gibbs, J. L. "Unpacking the Concept of Virtuality The Effects of Geographic Dispersion, Electronic Dependence, Dynamic Structure, and National Diversity on Team Innovation." *Administrative Science Quarterly* 51. 3（2006）451-95.

36. Edmondson, A. C. & Smith, D. M. "Too Hot to Handle How to Manage Relationship Conflict." *California Management Review* 49. 1（2006）6-31.

37. Bradley, B. H., Postlethwaite, B. E., Hamdani, M. R., & Brown, K. G. "Reaping the Benefits of Task Conflict in Teams The Critical Role of Team Psychological Safety Climate." *Journal of Applied Psychology* 97. 1（2012）151-58.

38. Edmondson, A. C. & Smith, D. M. (2006), op cit.

39. Martins, L. L., Schilpzand, M. C., Kirkman, B. L., Ivanaj, S., & Ivanaj, V. "A Contingency View of the Effects of Cognitive Diversity on Team Performance The Moderating Roles of Team Psychological Safety and Relationship Conflict." *Small Group Research* 44. 2（2013）96-126.

40. Singh, B., Winkel, D. E., & Selvarajan, T. T. "Managing Diversity at Work Does Psychological Safety Hold the Key to Racial Differences in Employee Performance" *Journal of Occupational and Organizational Psychology* 86. 2（2013）242-63.

41. "How to Build the Perfect Team." *Fareed Zakaria GPS*. CNN, April 17, 2016. https//archive.org/details/CNNW_20160417_170000_Fareed_Zakaria_GPSAccessed June 1, 2018.

第二部分

工作中的心理安全

第 3 章　可避免的失败

我觉得自己被公司虐待了。

——奥利弗·施密特

（大众汽车工程师）[1]

在没有弄清楚老板的想法之前，我不想与你分享我的想法。

——纽约联邦储备银行

（FRBNY）的监管者[2]

2015 年 5 月，大众汽车集团完全有理由为自己感到自豪。[3] 前一年，大众售出了 1000 万辆汽车，因此自称"全球最大汽车制造商"。大众是德国最大的用工企业之一，德国能够从 2008 年全球金融危机中复苏，它是一大功臣。讽刺的是，大众捷达 TDI 清洁柴油车在 2008 年洛杉矶车展上荣获"年度最佳环保车型"奖。这家已有 78 年历史的德国公司，因 20 世纪 60 年代标志性的"甲壳虫"系列而出名，并因其工程技术而赢得广泛声誉。大众汽车这颗明星闪烁着璀璨光芒，足以令人眩目。

俗话说，"骄者必败"。怎么也没有想到，仅仅数月后，全球最大的汽车公司——大众汽车陷入了丑闻。大众汽车曾因清洁柴油车在美国市场取得了骄人的销售额，最后结果发现，实际上不过是一个骗局。德国检察官突击搜查了大众汽车位于沃尔夫斯堡的总部，以收集定罪证据。美国和欧盟启动刑事调查，以了解知情人掌握的情况、时间和渠道。大众汽车停售，15 年来首次报告季度亏损，市值减少三分之一。2015 年 9 月，CEO 马丁·温特科恩（Martin Winterkorn）辞职，他虽然承担了"全部责任"，但并不承认"做错事"，而且至少 9 名高级经理被停职或离职。[4]

在随后的几年中，美国和德国检察官揭露 40 余人参与了一场精心策划的骗局，欺瞒政府监管机构，这些人"分布在至少四个城市，在三个大众品牌公司工作"。[5] 这起丑闻被称为"柴油门"，指的是大众汽车为确保符合美国环保署（EPA）要求遵守的美国汽车销售规定而作弊的事件。

严格标准

这一事件是怎么发生的呢？2007 年，温特科恩上任时，定下一项既精确又远大的目标：十年内让大众汽车在美国的销量增加两倍，赶超丰田和通用汽车两大竞争对手，成为全球最大的汽车制造商。大众所谓的"清洁柴油车"是这一战略的关键一环，大肆宣传清洁柴油车具有高性能和出色的燃油经济性两大优势。但是，有一个难题：柴油机会比汽油机产生更多的氮氧化物（NOx），无法满足美国环境法规要求。2007 年，大众汽车经理兼工程师沃尔夫冈·哈茨（Wolfgang Hatz）承认为美国市场生产清洁柴油车是一大挑战，"加州空气资源委员会（CARB）不太现实。我们能做的事情很多，我们要做的事情也很多。但我们无法做不可能的事情"。[6]

然后，哈茨和工程设计同事开始行动了。在为"清洁柴油"车编写的数百万行软件代码中的某处，他们嵌入了能够让汽车顺利通过严格的美国排放检测的指令。从概念上讲，技巧很简单。工程师设计实施的软件能够识别出车辆何时正在实验室接受标准排放检测，在检测时，只有两个车轮是转动的，另外两个车轮是静止不动的，但在道路上行驶时，四个车轮都在转动。在实验室进行检测时，柴油机能够达到可接受的 NOx 排放水平。然而，这样检测出来的合规结果牺牲了性能和燃油经济性，而消费者无法接受这样的汽车。该软件在车辆离开监管机构的测试台之时便会指示排放控制装置停止工作。车辆上路后，所谓的清洁柴油机排放到大气中的 NOx 量高达规定值的 40 倍。[7]

近十年来，一切似乎都进展得很顺利。这种软件，后来被称为"失效装置"，让大众汽车能够提前四年实现远大的销售目标。[8]2013 年，与美国西弗吉尼亚大学替代燃料、发动机与排放研究中心（CAFEE）的工程师合作的一家国际非营利组织，以及加州环境监管机构开始关注柴油机的性能。他们决定对比几款柴油机车型（包括大众汽车）的实验室检测排放量、道路排放量和行驶里程性能。很快，失效装置就被曝光了。在接下来的两年中，美国环保机构发布了相关调查结果，大众汽车先是拒不承认，掩盖真相，最后不得不承认作弊行为。之后，温特科恩宣布辞职，他表示："我并不觉得自己做错了什么。"[9]调查发现，全球约有 1100 万辆大众品牌的柴油车装有作弊装置。

如何避免这种失败？人们自然会想指责某个人或小团队。据研究人员估计，大众汽车排放作弊行为将导致 59 人无辜早逝、新增 30 例慢性支气管炎患者，至少对此要追究他们的责任。

马丁·温特科恩当然是被贴上"恶棍"标签的最佳人选。不少人都知道，他傲慢自大，追求完美，非常严格，且极度苛求细节。大众汽车公司的一位高管对记者说，"总感觉有距离、恐惧和尊敬……如果他（温特科恩）过来找你，或者你必须去找他，你的脉搏就会加快。如果你汇报的是坏消息，这时，可能会让人非常不愉快，他会冲你咆哮，让你面子尽失。"其他经理也列举了一些事例，比如，工程师喷涂厚度超出规定哪怕不到 1 毫米，或者没有用上竞对车型卖点的暗影红，温特科恩都会加以指责。[10]2011 年法兰克福车展上拍摄的一段视频在油管（YouTube）上有着很高的浏览量，视频显示，一个所谓的不知名的汽车品牌——现代汽车（Hyundai）成功设计制造出了通过调节驾驶座位置确保转动无声响的方向盘，而这是大众汽车一直没有突破的技术难关。在得知这一情况时，温特科恩十分生气。[11]"比绍夫！"温特科恩大吼，似乎是把责任归咎于设计总监克劳斯·比绍夫（Klaus Bischoff），并对竞争公司率先成功消除"撞击声"表示了不满。

　　但是，我们有理由质疑对奇葩型"恶棍"的这种过于简单的解读。首先，许多组织领导者真的相信"没有消息"就是好消息。他们认为，如果人们在执行某些指令或其他事项有难度时，就会说出来或者直接拒绝。他们想当然地认为，大家都支持自己的意见，却没有意识到他人可能无法向上传达坏消息。毫无疑问，这种盲目不是一种有效的领导力，但也不能称为恶棍行为。其次，就本例而言，温特科恩的领导力并不是凭空产生的。他曾在大众汽车非常有影响力的前董事长、CEO 兼最大股东费迪南德·皮耶希（Ferdinand Piech）手下工作。皮耶希是一位聪明绝顶且富有远见的汽车工程师，他深信，令下属畏惧是实现可获利设计的途径。克莱斯勒汽车公司高管鲍勃·卢茨（Bob Lutz）讲述了他在 20 世纪 90 年代的一次行业晚宴上与皮耶希的谈话。在卢茨对大众新款车型"高尔夫"的外观设计表示赞赏，并表达了期待克莱斯勒也能取得成功的愿望时，皮耶希讲述了一番自己的策略，这番话大概可以作为"通过创造心理不安全环境激励员工"的教科书般的范例：

> 我告诉你一个秘诀。我把全体车身工程师、冲压人员、制造操作人员和主管召集到会议室。我说："这差劲的车身配件，我早就看烦了。你们现在有六周的时间做出世界一流的车身装配。我这里有你们所有人的名单。如果六个星期后做不出像样的车身配件，我就换掉你们。今天耽误大家的时间了，谢谢配合。"[12]

大众汽车遭遇"滑铁卢"后不久，卢茨推测，皮耶希煽动了一种"恐怖笼罩下的由恐惧和恐吓驱动绩效的文化"，所以他"很可能是大众汽车柴油排放丑闻的罪魁祸首"。[13]这也许只是一个极端的例子，但事实上，许多管理者都赞同动用权威坚决要求员工达成某些目标，即规定明确的指标和期限。他们普遍认为，如果不让人们清楚地认识到做不到这些的消极后果，他们可能就不会尽力而为；甚至许多管理者认为这是理所当然的，这也包括许多把研究人类工作动机当作爱好的旁观者。许多人没有意识到的是，恐惧激励法确实非常有效——但只有在制造一种"正在逐步达成目标"的假象之时，才是有效的。在知识密集型工作场所中，"恐惧激励法"无法确保人们能够发挥实现挑战性目标所需要的创造力、热情和好的流程。

即便如此，也不像卢茨所说的那般，皮耶希是"柴油门"的"罪魁祸首"。CEO 马丁·温特科恩关于激励员工的最佳方法的观念是从导师费迪南德·皮耶希那里学到的，而皮耶希的管理信念是从他的导师——外祖父费迪南德·保时捷（Ferdinand Porsche）那里学到的，而后者曾是"甲壳虫"的杰出首席工程师。保时捷先生也不是罪魁祸首。对于保时捷而言，亨利·福特（Henry Ford）的努力令他深受鼓舞。20 世纪30 年代中期，保时捷前往底特律对福特胭脂河工厂进行调查研究，最后利用自己学到的经验建立了德国的第一条汽车装配线。[14]那时，制造业仍处于黄金时代，当时，恐惧和恐吓可以说是一种行之有效的管理技术，能够加快工厂工人的行动速度并提高工作准确性。如果权威性需求与过程改进相结合，可以将汽车装配线的生产时间由 12 个小时减少到 3 个小时（福特汽车的工厂做到了），公司就能够获得实实在在的利润。

不能将大众汽车 2015 年"柴油门"的根本原因归结于某个人或小组的性格或领导力。也许有人会说，太过相信有关员工激励的过时观念才是导致这次失败的原因。查理·卓别林

（Charlie Chaplin）的经典电影《摩登时代》中的一个场景以滑稽的方式演绎了这种过时的"恐惧激励法"会产生什么结果。卓别林扮演的是生产流水线上的一个工人，他的任务是拧紧从他眼前转瞬即过的一个个螺帽，但他总是跟不上传送带的速度，结果，总是被工友踢，被监工训斥殴打，被主管命令加快速度。[15] 当下，执行简单任务的自动化程度越来越高，知识型工作者不再需要拧紧小部件了，而是要相互协作、凝心聚力、做出决策并持续学习，如此一来，这类方法似乎特别具有喜剧性。

有趣的是，比绍夫，也就是那位因为发出"撞击声"的转向轴被温特科恩训斥的设计师，却为这种管理模式进行了辩护。他告诉采访人员，"出了问题，温特科恩当然会暴跳如雷……"，还为这种行为进行了开脱。他表示，老板也是"非常有人情味的人，他关心员工的个人命运"。[16] 但这里的关键不在于 CEO 是否非常有人情味。与其他人相比，温特科恩的和善和"细腻"很可能处于正常范围。关键在于，他所认为的能够激励员工的最佳方法是什么，以及他的这种观点对于当今工作有何意义。鉴于我们目前对心理安全与学习行为之间关系的认识，领导者威胁说如果经理和工程师不能在六周内设计出世界一流的车身装配就解雇他们，这似乎在一部无声电影中被展现得淋漓尽致。

就像大众汽车臭名昭著的"柴油门"一样，心理安全水平较低会影响到每一个相关者。正如杜伊斯堡–埃森大学的汽车专家费迪南德·杜登霍夫（Ferdinand Dudenhoffer）教授所说，"大众汽车内部有一种特殊压力"。[17] 大众汽车的治理动力机制（Governance Dynamics）是导致产生特殊压力的因素。据杜登霍夫说，其他德国汽车制造厂的监事会对 CEO 有着最终控制权，但大众汽车的监事会"没有这样的权限"。[18] 这可能是因为创始人保时捷家族的成员在监事会的 20 个席位中占了四分之一。另外，地方政要占了两个席位，但他们热切地尽一切努力不让本地区的工作机会外流。同时，卡塔尔主权财富基金的代表占了两个席位。

鉴于这种潜伏的恐惧文化，当面对看似无法克服的技术障碍——制造出能够通过美国环境法规测试的柴油机，还要抓紧时间找出能够实现公司目标的解决方案之时，大众汽车的工程师和监管人员决定另辟蹊径，也就不足为奇了。无论这种想法在当时看起来多么聪明，多么有利可图，也无论大众汽车的销量和名声飙升多高，历史已向我们表明，从长远来看，这种解决方案不可行。

监事会中至少有一名成员不敢开口。在美国监管机构揭露大众作弊行为后不久，十名当选员工代表（相当于美国的工会代表）中的贝姆德·奥斯特罗（Bernd Osterloh）于 2015 年 9

月 24 日向大众员工发出了一封信。奥斯特罗像是引用了心理安全的核心原则，他写道："我们未来需要营造一种'不隐瞒问题，坦率地向上级传达问题'的氛围。我们需要营造一种'能够并允许同上级辩论出最佳解决方法'的文化。"[19]

排放丑闻曝光后，温特科恩声称该公司需要实行更严格的规定，确保这种欺诈行为不再发生。但是至于更严格的规定如何帮助大众设计制造出环保型柴油机，或助力大众实现成为全球最大汽车制造商的目标，目前尚不清楚。回想起来，这个目标本身似乎是靠不住的。如果工程师在心理安全感更强的环境中工作，可以报告"坏消息"，说出制造符合规定条件的清洁柴油机根本不可行，是否可以避免失败？

也许，大众汽车因排放丑闻而遭遇惨败，最令人震惊的一面在于这类事件绝非个例。无法实现的目标，以恐惧为主要驱动力的命令+控制的科层制体系，加上害怕因为无法实现目标而丢掉工作的人——同样的剧本在一遍又一遍地重演。在某种程度上，这种剧本在过去是有用的，那时，目标是可以实现的，进度是可以直接观察到的，各种任务很大程度上也是个人完成的。在这种情况下，人们因为恐惧和恐吓而不得不达成目标。问题是，在当今这个充满"易变性、不确定性、复杂性和模糊性（VUCA）"的世界中，这种剧本对商业已不再有利。这样的剧本只会招致（往往会被大肆公开的）失败事件的必然发生——而这些失败本可避免，从而和成功无缘。

在本章接下来的部分，我们将看到富国银行、诺基亚和纽约联邦储备银行这三个组织也在上演着类似的剧情。在这三个案例中，心理不安全文化在一段时间内似乎是有用的，但它就像一颗定时炸弹终究会从内部爆炸，让曾经备受尊重的公司名声扫地。

快要崩不住的延展性目标

在走向衰落、落得声名狼藉的前一年，富国银行仍可自诩为"美国最具价值的银行"，其市值在美国所有银行中排名第一，服务人群约占全美三分之一的家庭。[20]富国银行被《巴伦周刊》评选为"全球最受尊敬公司"，它的成功主要归功于社区银行业务；2015 年，社区银行业务部在全美设有 6000 多家分支机构，占富国银行全部收入的一半以上。[21]社区银行为家庭和小型企业提供多种金融服务，包括支票、储蓄账户、贷款和信用卡。

社区银行的发展策略在很大程度上依靠交叉销售——向现有客户销售其他产品的营销方式。富国银行相信，只要将自身打造成能够满足所有客户理财需求的一站式服务店，它就可以在银行业中获得竞争优势。富国银行对自身有能力向客户出售其他产品颇感自豪。实际上，富国银行 CEO 约翰·斯坦普（John Stumpf）在 2010 年致股东的信中吹嘘，富国银行是"交叉销售之王"。[22] 时至 2015 年，富国银行户均产品销售数为 6.11，而行业平均水平仅为 2.71，所以，它给自己冠上"交叉销售之王"称号的底气似乎更足了。[23]

然而，高效的交叉销售之于富国银行，就像清洁柴油机之于大众汽车集团：都涉及一个最终难以企及的目标，公司高层领导以裁员相威胁，要求员工达成这样的目标。

到了 2016 年 9 月 8 日，一切都结束了。这颗定时炸弹从内部爆炸了，摧毁了"交叉销售之王"建立一站式服务点的幻想。在社区银行业务部被认定涉嫌多种不当销售行为后，富国银行宣布支付 1.85 亿美元给美国消费者金融保护局（CFPB）和其他两个监管机构，达成和解。次月，约翰·斯坦普辞职。[24]

富国银行发生的事件是可预见的，也是可避免的。如果不是处在心理不安全文化中，它就不可能持续发展下去。下面，我们来深入地了解一下事件是如何发展的。

21 世纪初，富国银行采取了一项名为"Going for Gr-Eight"的交叉销售活动，意在激励社区银行员工向每位客户平均销售八个前所未闻的产品。为了实现这一目标，在全行上下实施激励计划：每达成一笔交易，给予个人理财顾问和柜员一定比例的佣金，同时做出规定，只有达到规定的销售量，区域经理才能赢得奖金，并将成功的交叉销售纳入高管年度奖金考核范围。[25]

指标跟踪很严格，也很残酷。分行职员都分配了雄心勃勃的销售指标，每日要在"动力报告"及时填报进度，便于跟踪。[26]每家分行每天必须汇报四次日销售量：上午 11 点、下午 1 点、下午 3 点和下午 5 点。[27]一个区域总裁让员工"不择手段"地销售产品。[28]据说，在某些分行，员工只有达到每日销售目标后才能下班。[29]

如果银行员工没有达到销售目标，就会对他们进行指导，帮助他们提高销售量，包括"客户投诉处理"培训，以游说人们购买更多产品。在此之后，仍然完不成销售量的员工将被解雇。表现不佳的经理也将受到公开批评或被解雇。[30]

从 2013 年开始，有报道开始揭露，富国银行员工为了达到销售指标而采用且目前仍在采用可疑的销售手段。一名已离职的员工表示，洛杉矶分行的员工未经客户允许私自为客户开立存款账户或信用卡，如果有客户投诉，他们就会说是计算机出现了故障。他还说，员工为了完成销售指标向客户撒谎说某些产品只能一起购买。[31]除此之外，实现销售目标还有其他策略，比如鼓励客户开立不必要的多个支票账户——一个用于购置生活用品，一个用于旅行，一个用于应急，等等[32]；他们还会捏造电子邮件地址，以客户名义注册网上银行业务。[33]

在丑闻公开之前，富国银行已经做了很多改变，似乎在尽力解决问题。2011 年至 2016 年，富国银行解雇了 5300 多名涉及不道德行为的员工；[34]实行"销售质量"报告单，对销售条款做出规定；[35]拓展道德培训，明确告知员工不得开设虚假账户。[36]但显然有所疏漏："Going for Gr-Eight"战略没有任何改变。正如大众汽车工程师按"认可的"方式无法设计出清洁柴油机一样，富国银行员工不通过违规操作就无法达到销售目标。只不过，客户的钱包能够购买的产品数量都是有限制的。曾在银行就职的一个人说："他们（高层）提醒我们这种操作是'不道德'行为，但事实是员工必须达成各自的销售目标，因为他们需要这份薪水。"[37]

最终，联邦和州级监管机构对富国银行的问题行为展开了调查。调查报告指出，从 2011 年到 2016 年，社区银行业务部的员工为了提高销售业绩，未经客户允许而私自开立了 200 万个账户和信用卡，并通过造假欺骗向客户销售产品和服务。[38]调查还发现，看到不道德行为的员工曾向主管或道德热线举报。甚至有人说，曾向斯坦普夫发邮件举报这种行为。后来，有些员工却因为举报行为而被解雇。[39]

与大众汽车一样，富国银行发生这样可避免的失败，不是一个"害群之马"造成的，而是源于一个只有靠欺骗才能完成雄心勃勃的目标的制度。员工处于一种不容许有任何异议的恐惧文化中。管理者在实施交叉销售策略时没有关注到销售人员的实际经历，也没有利用从现场学的东西来改变或完善公司的战略，[40] 而是发出了一个明确的信息：要么完成指标，要么接受惩罚。

害怕面对事实

几年前，在大洋彼岸，另一个行业的一家公司也上演了与大众汽车和富国银行相似的剧目。诺基亚的历史可追溯至 1865 年在芬兰诺基亚镇建立的一家造纸公司；[41] 到了 20 世纪 80 年代，诺基亚发展成为全球新兴蜂窝网络行业的一家领先电信公司。在 CEO 卡瑞·凯雷莫（Kari Kairamo）的领导下，诺基亚到 20 世纪 90 年代末发展成为全球领先的手机制造商，占有 23% 的市场份额。[42] 21 世纪初，作为塞班操作系统的开发商，诺基亚似乎有望实现智能手机的指数级增长。

然而，诺基亚却沦为本可避免失败的又一个受害者。2011 年 6 月，诺基亚在智能手机市场的份额大幅减少；2012 年，诺基亚的市值缩水 75%。[43] 从此，诺基亚丧失了自己的创新优势和手机制造商领导地位，营业亏损超过 20 亿欧元。2013 年 9 月，诺基亚承认失败，宣布将旗下的设备和服务业务出售给微软公司。[44]

虽然诺基亚不像大众汽车和富国银行那样是被复杂的欺骗之

网摧毁的，但三家公司都受制于恐惧文化。例如，对诺基亚2005—2010年在智能手机行业的兴衰变迁的一项深入调查（包括对诺基亚76位经理和工程师进行访谈）发现，诺基亚输掉智能手机之战，不是因为没有明确的愿景，也不是因为任用了一些差劲的经理，但至少与"恐惧的情绪笼罩"有关，在这种氛围下，全公司形成了一种惯性，在应对强大竞争对手的威胁之时尤为如此。[45]该研究的组织者说，这种恐惧"植根于一种领导者脾气火爆，而中层管理人员畏惧怯懦、不敢实话实说的文化"。[46]

事实上，从21世纪的头十年开始，手机行业的竞争日趋激烈。诺基亚曾押注功能手机，不愿或未能认识到相当复杂且开发成本高昂的软件平台（也就是今天的智能手机）的潜力。相比之下，在加拿大公司RIM推出黑莓手机之后，苹果和Google投入几十亿美元分别成功开发了专有平台IOS和安卓，令诺基亚的塞班系统相形见绌，最终引发了智能手机革命。换言之，诺基亚已然处于一个瞬息万变的知识密集型行业，协作、创新和沟通迅速成为决定未来能否成功的关键。

由于缺乏一种希望人们坦诚直言的心理安全氛围，诺基亚的高层和中层管理人员之间陷入了一种微妙的"二人惧"关系。当中层管理人员问及有关公司发展方向的关键性问题时，却被告知要"关注执行就好"。[47]当员工不遵守高层管理者提出的不合理要求，就会"被贴上失败者的标签"或"搭上自己的名声"。[48]据说，一位执行总裁曾经"拍案怒起，水果横飞"。[49]有人说，诺基亚前董事长兼 CEO 康培凯（Olli - Pekka Kallasvuo）"非常喜怒无常"。[50]有经理报告说，他们经常见到他"扯破嗓子训斥他人"，"要想跟他汇报一些他不想听到的事情，实在太难了"。[51]

高管们担心公司面临的外部市场威胁，特别是来自苹果和 Google 软件开发商的威胁，但没有向中层管理人员传达这些威胁的严重性。一位高层管理者承认，高层也有恐惧的时候，而且有些方法会影响到管理落地。他说："很明显，我们害怕 iPhone。所以，我们告诉中层管理人员必须提供触屏手机。"[52]中层管理者不敢汇报坏消息，导致他们的上级对诺基亚功能手机的技术能力抱有过于乐观的看法，却忽略了对进行更复杂创新能力的长期投资。正如一位经理所说："在诺基亚研发部中，就是这样一种员工想让高层满意的文化氛围。他们只想告诉高层好消息，而不是真实情况。"[53]

如果想了解真实情况，便需要（一边是脾气火爆的，一边是畏惧怯懦的）经理们抛开恐惧，彼此直言不讳。但是，这种坦诚似乎不太可能实现。创新和弯道超车的机会总是转瞬即逝。2007 年，随着行业对软件的依赖程度越来越高，这家芬兰电信公司的股价继续下跌。越来越多的手机制造商转而使用谷歌开发的基于开源协议的安卓操作系统。2008 年，苹果公司推出 iPhone 3G 和苹果商店。此时追赶，却为时已晚。虽然诺基亚继续开发软件并推出新产品，但它的整体表现和销售额均逊于更为敏捷的竞争对手。

显然，如果说心理安全会保证诺基亚在竞争日益激烈的行业中取得成功，是断然不可能的。

成功不仅需要不断创新，还以专业技能、创造力和团队合作为动力。但是，没有了心理安全，却很难充分利用专业技能和创造力。由于诺基亚的高级主管全然不知自己的公司和技术能力的真实水平，诺基亚根本赶不上学习的步伐，让自己得以继续存活。否则，十年后，诺基亚是能够东山再起的。大家将从第 7 章看到，高级管理层成员之后意识到，他们必须改变自己的讲话和互动方式，才能制定出更好的战略。

谁来监管监管者

在诺基亚、富国银行和大众汽车的案例中，我们可以看到，恐惧文化对拥有宏大梦想的公司产生了毁灭性的影响。如果是一家公司向另一家公司提供服务或审查另一家公司的经营活动，又会产生什么影响呢？当公司之间的关系受到恐惧文化的妨碍时，对组织和社会的风险都会加剧。

在 2008—2009 年全球金融危机之后，纽约联邦储备银行

（FRBNY）（简称"纽约联储"）没有对美国几家大银行的过度金融冒险行为进行有效的规制，因而备受美国公众和国会的谴责和批评。[54]鉴于此，纽约联储委托第三方出具了一份调查报告。纽约联储主席比尔·杜德利（Bill Dudley）委托哥伦比亚商学院教授大卫·贝姆（David Beim）调查和评估其"组织和实践，重点关注银行监督"，[55]目的在于揭示重要的经验教训，用以提高纽约联储监督银行和监控系统风险行事的能力。

贝姆和一个小团队采访了大约 20 名纽约联储工作人员（主要是高级官员），以了解纽约联储在危机爆发前做得很好的事情和没有做好的事情。研究结果已编入《2009 年系统风险和银行监督报告》。报告中有很大一部分内容讲的是纽约联储的文化和沟通氛围。贝姆在报告中描述了一个心理安全水平较低的工作场所：负责监控各个银行（比如高盛）的监管者感到"害怕和被动"，因此，"在重要的事情似乎出错时，就无法有效地与其他部门进行沟通、形成自己的观点，并发出信号"。结果，监管者"只是听命行事"。[56]

监管主管需要参与有关各个银行流程和政策的讨论，通常主要关注银行已达成或正在考虑进行的大规模交易，这是他们工作的一部分。纽约联储向每一家大型银行分配一个监管小组，由监管小组负责判定某笔交易是否合规。这时，贝姆发现，实际决策中会受到集体思维或"寻求共识"的阻碍——对问题进行充分讨论，最终却没有采取建设性行动。在讨论中，显然缺乏了坦诚直接的辩论与合作——人们大胆说出问题并提供解决方案，这在任何常以惊人的速度快速迭代的组织中都是必需的。该报告强调，"不敢开口"是一个经常性的话题，无论是纽约联储会议，还是员工在各自工作中的各种经历，都会涉及这一话题。这在受访者的寥寥数语中有所体现，例如"在这种文化中成长，你会发现，犯一些小错误都是不可容忍的"，"（你）不会想偏离管理层的想法太远"。[57]

需要特别指出的是，监管者与银行经理之间的关系也是问题丛生。例如，两个团队之间的信息不对称，会让监管者处于不利地位。由于监管者只能从银行获得信息，银行可以充当"守门人"，如此一来，监管者会感到这就要看银行是否愿意并能够欣然提供及时有用的信息。在贝姆看来，这样一来，监管者为了顺利获得信息，会采取一种不对抗且往往过于恭敬的方式。[58]最关键的是，贝姆报告说，在进行调查的三个星期中，他看到了"监管俘获"的迹象。后来新闻工作者艾拉·格拉斯（Ira Glass）描述了这种现象，"监管俘获"就像"一条看门狗看到闯入者一点也不吠叫，却舔舐闯入者的脸，还跟他玩传球游戏"。[59]从某种意义上说，监管者在恐惧和顺从文化的影响下，失去了有效履行监管职责的能力。

银行须按法律规定提交纽约联储要求的一切信息，使得这种动力因素更加让人灰心了。在贝姆调查之后，监管者卡门·塞加拉（Carmen Segarra）表示："纽约联储有权获得信息，也有权惩罚拒不提供信息的银行。"当被问及是什么原因让拥有这种权力的监管者选择了顺从时，她给出了很简洁的回答："他们都来自恐惧之地。"[60]

自从 20 世纪 30 年代以来，全球从未发生过类似大规模金融体系的崩溃事件，如果银行和监管机构都能够处于心理安全氛围，这样的事件是否可以避免？这可能有点夸大其词。宽松的法规、贪婪和错误的激励措施无疑是重要的影响因素。但是，我们可以说，恐惧文化会压制或阻碍想提出问题或发表评论的人，结果白白浪费许多本应抓住并纠正过度冒险行为的机会，以及其他经济损失的源头。

避免可避免的失败

不少组织都拥有深厚的专业知识、积极进取且聪明过人的领导者和清晰明确的目标，大众汽车、富国银行、诺基亚和纽约联储便是满足这些条件的活生生的例子。它们从不缺少在各个相关领域内得力能干的员工，这也是它们在行业内获得成功必不可少的。总之，它们拥有人才。但它们缺少的是能够让心理安全氛围全面渗入工作场所的领导力，保证人们敢于和公司的高层说真话，而对于纽约联储而言，则是和行业合作伙伴说真话。第7章将重点讨论领导者为创造和恢复心理安全需要采取的行动；在这里，我只是想强调，本章列出的大规模经营失败是可以避免的。

这些失败都不是一夜之间或突然发生的。恰恰相反，失败的种子已经扎根了数月或数年，而高级管理层却全然不知，还在优哉游哉。在许多组织中（如本章中讨论的组织），经常会发生无数小问题，这其实就是发出的预警信号，说明公司的战略可能不尽如人意，需要重新考虑。但这些信号经常是白白浪费了。因此，要预防可避免的失败，首先要鼓励所有员工提出反对意见、分享信息并主动报告实验室或市场的真实情况，从而形成学习和灵活执行的连续循环。

本章中的每个事例都可以看作战略失败案例。当无法获得工程师或销售人员在实际工作中产生的新信息，并充分根据这些新信息来重新思考、改变公司的工作方向时，执行过程中产生的细微差距会逐渐演变成登上头条的戏剧性失败。[61]例如，富国银行的交叉销售策略超出了客户的实际消费能力，就这样埋下一颗战略失败的种子。而销售人员认为高级经理不能容忍差的业绩，又加剧了失败的进度。他们觉得伪造虚假账户要比报告他们在业务现场学到的东西更为容易，这就是低水平心理安全的强烈信号。

　　我把重点放在心理安全上，并不是要忽略这几个案例中的道德问题。以富国银行为例，如果只将客户账户欺诈视为销售人员的个人堕落造成的后果，显然与富国银行内所发生此等行为的必然性（即注定失败的体系）不符。自上而下的策略加上不充足的心理安全水平，这两者加在一起，潜移默化地就让向上汇报坏消息变得不可行。大众汽车和纽约联储案例也体现了一个类似问题。如本章前面所述，鉴于各种复杂的驱动因素在发挥作用，仅归咎于堕落或愚蠢的某个人（或多个人）的任何解释都是片面的。但是，值得思考的是，尽早而不是最后一个获取相关缺陷和失误的信息，在很大程度上几乎总能减小失败的规模和影响，有时甚至可以完全防止失败的发生。

采取敏捷的战略思维方式

　　综合来看，这四个案例表明，有必要采取替代战略观点，使之更加符合当今 VUCA 世界中价值创造的本质。我和索尔维商学院（Solvay Business School）教授保罗·维尔丁（Paul Verdin）共同提出了一种将组织战略看作假设而非计划的观点。[62]与所有假设一样，首先要进行态势评估和分析——制定战略的经典工具。同样，与所有假设一样，它还必须用行动进行检验。当战略被视为需要经过不断检验的假设时，与客户的接触能够提供高级主管一直关注的有价值数据。想象一下，如果富国银行采取了敏捷的战略思维方式：最高管理层就会将反复发生的未实现的目标或虚假账目事例当作可帮助其评估最初交叉销售策略是否有效的有用数据。然后，这种学习将触发亟待解决的战略性调整。

当然，有时表现不好就是表现不好。人们没有尽全力，所以表现不佳。有时，公司确实需要找到能够更好地激励和管理员工的方法，帮助他们达到预期的表现标准。然而，在 VUCA 世界中，这并不是没有达到预期目标的唯一原因，甚至不是可能性最大的原因。必须首先将结果与计划之间存在差距的早期迹象视为数据（触发分析），然后才能得出结论：差距能够清晰明确地说明员工表现不佳。

作弊和刻意隐瞒是自上而下的文化的自然副产品，在这种文化中，不接受"不"或"做不到"的答案。但是，这种文化，加上相信过去制定的优秀战略对未来也是能够无限期适用的观点，一定会导致失败。在大众汽车和富国银行，"走捷径"的迹象一再被忽略。因此，自上而下战略起作用的错觉便会持续相当长一段时间。尤其令人心痛的是，被驳回的数据在很长一段时间内都是可用的，但是却没有得到很好的利用。

如欲在 VUCA 世界中取得成功，高级主管需要常常参与公司各个层面和部门的运营。制造、交付产品和服务的一线人员都知晓公司掌握的最重要的战略数据。他们知道客户的需求、竞争对手的动向和最新技术的优势。组织学习——由公司领导者牵头，但由每个人在诸实施——需要积极寻找偏差，对当前战略所依据的假设提出质疑，这些偏差对于调整原始策略非常具有参考价值。因此，要乐于接受这些偏差。令人倍感讽刺的是，前期的市场信号和预测已经揭开了商业模式的漏洞，企业还是在不断加码执行、提速增效，这只会加剧问题的严重性。

最后，本章提及的经营失败很令人惋惜，但与第 4 章中探讨的低水平心理安全所招致的人力成本相比——从多个方面来看，这几个案例根本不算什么。在这里，我们可以看到，敢于建言对避免可避免的伤害有着更为重要的作用。

第 3 章重要结论

● 领导者如果只乐于接受好消息，就会引起恐惧，很难听到实话。

● 许多管理者将设定高标准与有效的管理混为一谈。

● 缺乏心理安全感会造成一种成功的错觉，最终导致严重的经营失败。

● 尽早获取错误或者缺陷的相关信息几乎总能减小未来大规模失败的范围及所带来的影响。

注释

1. Vlasic, B. "Volkswagen Official Gets 7-Year Term in Diesel-Emissions Cheating." *The New York Times*. December 6, 2017. https//www. nytimes. com/2017/12/06/business/oliver - schmidt - volkswagen. htmlAccessed June 13, 2018.

2. Kwak, J. "How Not to Regulate." *The Atlantic*. September 30, 2014. https//www. theatlantic. com/business/archive/2014/09/how - notto - regulate/ 380919/ Accessed June 13, 2018.

3. The Volkswagen story in this chapter draws from new sources cited individually and from the following academic case studies · Giolito, V., Verdin, P., Hamwi, M., & Oualadj, Y. Volkswagen A Global Champion in the Making Case Study. Solvay Brussels School Economics &Management, 2017; Lynch, L. J., Cutro, C., & Bird, E.

· The Volkswagen Emissions Scandal. Case Study. UVA No. 7245. Charlottesville, VA. University of Virginia, Darden Business Publishing, 2016; and

· Schuetz, M. Dieselgate-Heavy Fumes Exhausting the Volkswagen Group. Case Study. HK No. 1089. Hong Kong. The University of Hong Kong Asia Case Research Center, 2016.

4. Ewing, J. "Volkswagen C. E. O. Martin Winterkorn Resigns Amid Emissions Scandal." *The New York Times*. September 23, 2015. https//www.nytimes. com/2015/09/24/business/international/volkswagen-chief-martin-winterkorn-resigns-amid-emissions-scandal.htmlAccessed June 13, 2018.

5. Parloff, R. "How VW Paid $25 Billion for 'Dieselgate' - and Got Off Easy." *Fortune Magazine*. February 6, 2018. http//fortune. com/2018/02/06/volkswagen-vw-emissions-scandal-penalties/Accessed June 13, 2018.

6. *Ibid*.

7. Sorokanich, B. "Report Bosch Warned VW About Diesel Emissions Cheating in 2007." *Car and Driver*. September 28, 2015. https//blog. caranddriver.com/report - bosch - warned - vw - about - diesel - emissionscheating - in - 2007/Accessed June 13, 2018.

8. Hakim, D., Kessler A. M., & Ewing, J. "As Volkswagen Pushed to Be

No. 1, Ambitions Fueled a Scandal." *The New York Times*, September 26, 2015. https//www.nytimes.ccm/2015/09/27/business/as-vwpushed-to-be-no-1-ambitions-fueled-a-scandal. htmlAccessed June 13, 2018. *Avoidable Failure*73.

9. Ewing, J. 2015, op cit.

10. Cremer, A. & Bergin, T. "Fear and Respect VW's culture under Winterkorn." *Reuters*. October 10, 2015. https//www.reuters.com/article/us-volkswagen-emissions-culture/fear-and-respect-vws-culture-underwinterkorn-idUSKCN0S40MT-2015101CAccessed June 13, 2018.

11. https//www.youtube.com/watchv=YpPNVSQmR5c.

12. Lutz, B. "One Man Established the Culture that Led to VW's Emission Scandal." *Road and Track*. November 4, 2015. https//www. roadandtrack. com/car-culture/a27197/bob-lutz-vw-diesel-fiasco/Accessed June 13, 2018.

13. *Ibid.*

14. Kiley, D. *Getting the Bugs Out The Rise*, *Fall*, *and Comeback of Volkswagen in America*. John Wiley & Sons, 2002. 38-49. Print.

15. https//www.youtube.com/watchv=DfGs2Y5WJ14.

16. Cremer, A. & Bergin, T, 2015, op cit.

17. *Ibid.*

18. *Ibid.*

19. *Ibid.*

20. Details on the Wells Fargo story come from Lynch, L. J., Coleman, A. R., & Cutro, C. The Wells Fargo Banking Scandal. Case Study. UVA No. 7267. Charlottesville, VA. University of Virginia, Darden Business Publishing, 2017.

21. Wells Fargo, 2015 annual report.

22. Wells Fargo, 2010 annual report.

23. Wells Fargo, 2015 annual report.

24. Gonzales, R. "Wells Fargo CEO John Stumpf Resigns Amid Scandal." *NPR*, October 12, 2016. https//www. npr. org/sections/the two-way/2016/10/12/497729371/wells-fargo-ceo-john-stumpf-resigns-amidscandal Accessed June 13, 2018.

25. Reckard, E. S. "Wells Fargo's Pressure-Cooker Sales Culture Comes at a Cost." *The Los Angeles Times*, December 21, 2013. http//www. latimes. com/business/la-fi-wells-fargo-sale-pressure-20131222-story. htmlAccessed June 13, 2018.

26. Keller, L. J., Campbell, D., & Mehrotra, K. "While 5, 000 Wells Fargo Employees Got Fired, Their Bosses Thrived." *Bloomberg*. November 3, 2016. https//www.bloomberg. com/news/articles/2016-11-03/wells-fargo-s-stars-climbed-while-abuses-flourished-beneath-them Accessed June 13, 2018.

27. Cao, A. "Lawsuit Alleges Exactly How Wells Fargo Pushed Employees to Abuse Customers." *TIME*. September 29, 2016. http//time. com/ 74Psychological Safety at Work money/4510482/wells-fargo-fake-accounts-class-action-lawsuit/Accessed June 13, 2018.

28. Mehrotra, K. "Wells Fargo Ex-Managers' Suit Puts Scandal Blame Higher Up Chain." *Bloomberg*. December 8, 2016. https//www. bloomberg. com/news/articles/2016-12-08/wells-fargo-ex-managerssuit-puts-scandal-blame-higher-up-chainAccessed June 13, 2018.

29. Reckard, E. S. December 21, 2013, op cit.

30. Cowley, S. "Voices From Wells Fargo 'I Thought I Was Having a Heart Attack.'" *The New York Times*. October 20, 2016. https//www. nytimes. com/ 2016/10/21/business/dealbook/voices-from-wellsfargo-i-thought-i-was-having-a-heart-attack.htmlAccessed June 13, 2018.

31. Cao, A. September 29, 2016, op cit.

32. Cowley, S. October 20, 2016, op cit.

33. Glazer, E. & Rexrode, C. "Wells Fargo CEO Defends Bank Culture, Lays Blame With Bad Employees." *The Wall Street Journal*. September. 13, 2016. https//www. wsj. com/articles/wells-fargo-ceo-defendsbank-culture-lays-blame-with-bad-employees-1473784452Accessed June 13, 2018.

34. Egan, M. September 8, 2016, op cit.

35. Freed, D. & Reckhard, E. S. "Wells Fargo Faces Costly Overhaul of Bankrupt Sales Culture." *Reuters*, October 12, 2016.

36. Corkery, M. & Cowley, S. "Wells Fargo Warned Workers Against Sham

Accounts, but 'They Needed a Paycheck.' " *The New York Times*, September 16, 2016. https//www. nytimes. com/2016/09/17/business/dealbook/wells - fargo-warned-workers-against-fakeaccounts-but-they-needed-a-paycheck.htmlAccessed June 13, 2018.

37. *Ibid*.

38. Consumer Financial Protection Bureau press release. " Consumer Financial Protection Bureau Fines Wells Fargo \$100 Million for Widespread Illegal Practice of Secretly Opening Unauthorized Accounts." *ConsumerFinance. gov*, September 8, 2016. https//www. consumerfinance. gov/about - us/ newsroom/consumer - financialprotection - bureau - fines - wells - fargo - 100 - million-widespread-illegalpractice-secretly-opening-unauthorized-accounts/Accessed June 13, 2018.

39. Egan, M. "Wells Fargo Admits to Signs of Worker Retaliation." *CNN Money*. January 23, 2017. http//money. cnn. com/2017/01/23/investing/wells - fargo - retaliation - ethics - line/index. htmlAccessed June 13, 2018. *Avoidable Failure* 75.

40. Edmondson, A. C. & Verdin, P. J. "Your Strategy Should Be a Hypothesis You Constantly Adjust." *Harvard Business Review*. November 9, 2017. https//hbr.org/2017/11/your-strategy-should-be-a-hypothesis-youconstantly-adjustAccessed June 13, 2018.

41. "Our History." Nokia. https//www. nokia. com/en_int/about - us/who - we-are/our-historyAccessed June 7, 2018.

42. Nokia Corporation, 1998 annual report.

43. Huy, Q. & Vuori, T. "Who Killed Nokia Nokia Did." *INSEAD Knowledge*. September 22, 2015. https//knowledge. insead. edu/strategy/who - killed - nokia-nokia-did-4268 Accessed June 13, 2018.

44. Bass, D., Heiskanen, V., & Fickling, D. "Microsoft to Buy Nokia's Devices Unit for \$7.2 Billion." *Bloomberg*. September 3, 2013. https//www. bloomberg.com/news/articles/2013-09-03/microsoft-to-buynokia-s-devices - business-for-5-44-billion-eurosAccessed June 13, 2018.

45. Huy, Q. & Vuori, T. September 22, 2015, op cit.

46. *Ibid.*

47. Vuori, T. & Huy, Q. "Distributed Attention and Shared Emotions in the Innovation Process How Nokia Lost the Smartphone Battle." *Administrative Science Quarterly* 61. 1 (2016) 23.

48. *Ibid.*

49. *Ibid.*

50. *Ibid.*

51. *Ibid.*

52. Vuori, T. & Huy, Q. (2016) 30.

53. Vuori, T. & Huy, Q. (2016) 32.

54. Protess, B. & Craig, S. "Harsh Words for Regulators in Crisis Commission Report." *The New York Times.* January 27, 2011. https//dealbook.nytimes.com/2011/01/27/harsh − words − forregulators − in − crisis − commission − report/mtrref = www.google.com & gwh = 54322022775D2A4C1766CE843F23C604&gwt = payAccessed June 13, 2018.

55. Beim, D. & McCurdy, C. "Report on Systemic Risk and Bank Supervision" *Federal Reserve Bank of New York Report.* 2009. 1. https//info.publicintelligence.net/FRBNY−BankSupervisionReport.pdf. Accessed June 1, 2018.

56. Beim, D. & McCurdy, C. 2009 9.

57. *Ibid.*

58. Beim, D. & McCurdy, C. 2009 19. 76Psychological Safety at Work.

59. "The Secret Recordings of Carmen Segarra." *This American Life.* September 26, 2014. https//www. thisamericanlife. org/536/thesecret − recordings − of−carmen−segarra. Accessed June 1, 2018.

60. *Ibid.*

61. Edmondson, A. C. & Verdin, P. J. "The strategic imperative of psychological safety and organizational error management." *How could this happen Managing errors in organizations.* Ed. J. Hagen. Palgrave/MacMillanin press.

62. Edmondson, A. C. & Verdin, P. J. November 9, 2017, op cit.

第 4 章　危险的沉默

为做过的事而产生的悔恨会因时间而被慢慢平复，但为没做过的事而后悔却是无法被平复的。

——西德尼·哈里斯

（Sydney Harris）[1]

心理安全水平较低时，面对的风险不仅仅在于经营失败。在许多工作场所中，人们即使发现危及人身安全的问题或错误的事情，也不敢上报。或者即使被欺负和恐吓，也不会向主管或顾问提及。遗憾的是，这种沉默可能导致普遍的失望、焦虑、沮丧，甚至身体伤害。总之，我们生活、工作在社区、文化和组织中，不开口说话会危害人体健康。

本章探讨的是职场沉默如何导致了本可避免的伤害。大家在本章将能够看到一些主要（但并非完全）取自高危行业的事例。在这些案例中，员工不敢开口，随之而来的沉默埋下了人身和精神伤害的种子。虽然绝非易事，但在某些工作场所中，人们可以放心且必须开口说话（第 5 章和第 6 章将讲到这样的情况）。这样，每个人都有机会提出建设性解决方案，避免产生有危害的后果。

我们首先来看几个在风险和日常工作之间常常维持着一种不稳定平衡状态的高风险环境下导致重大事故的沉默事例。前两个是航空事故，然后是医院病房、海啸，最后是不稳定的舆论环境。

无法开口

2003 年 2 月 1 日，美国宇航局（NASA）的"哥伦比亚"号航天飞机在重返地球大气层时发生灾难性事故。[2]7 名宇航员全部遇难。太空旅行显然是有危险的，且致命事故似乎是太空旅行无法百分之百避免的，但这起事故并非"突如其来"。在佛罗里达州一个阳光明媚的早晨，那似乎是一次完美的发射。（两周前）一天后，美国宇航局工程师罗德尼·罗查（Rodney Rocha）检查了发射当天的录像，但情况似乎有些不对劲。罗查一遍又一遍地播放录像带。他认为，航天飞机外部燃料箱表面可能有一大块隔热泡沫脱落并撞到了飞机的左翼。由于是远距离拍摄的，视频图像比较模糊，无法辨别隔热泡沫是否造成了损坏，看着屏幕上模糊的移动的点，其大小和位置不得而知，罗查不禁担心起来。为了搞清这个问题，罗查希望获取机翼的卫星照片。但这需要美国宇航局高层向国防部寻求帮助。

罗查向上司发送了邮件，询问他是否能够帮助申请获取卫星图像。他的上司却认为没有必要，并如此回复。灰心丧气的罗查向其他工程师发送了一封情绪激动的邮件，他后来解释说："工程师不能越级发送邮件。"[3] 在与临时工程师小组一起评估损坏情况时，由于没有获得更清晰的图像，他无法解释自己对可能产生的损坏的担忧。一周后，高级经理在正式的任务管理小组会议上和参会人员简单讨论了一下泡沫撞击的可能性时，罗查坐在外围听着，不发一言。

事后，专家组经过正式调查得出结论，正是公文包大小的泡沫片撞到机翼的前缘，给航天飞机的机翼留下了一个很大的破洞，从而造成了事故。[4] 他们还找到了两种救援方案，虽然实施难度大，也有很大的不确定性，但如果得以实施，也许可以避免宇航员惨死。ABC 新闻主播查理·吉布森（Charlie Gibson）在对这项调查进行报道之时，问起罗查在会议上为什么没有开口。他回答："我就是不能开口。我（在单位）的职位太低了……况且，她〔指任务管理小组负责人琳达·汉姆（Linda Ham）〕就在那儿。"说话时，他的手举过头顶示意。[5]

罗查的话抓住了在工作中开口说话的心理中不易被察觉但很重要的一个问题。请大家仔细想一想他的回答。他没有说

"我选择不说"或"我觉得说出来不合适",他说他"不能"说。奇怪的是,这种说法很恰当。许多员工都有过这样真实的心理感受:明明有话说,却真的不能说,这在层级结构组织(比如2003年的美国宇航局)中是非常普遍的现象。我们都知道这种现象,也理解为什么他的手会自然而然地指向那令人心痛的自上而下的科层制。在有人问及(就像吉布森问及罗查)时,许多人讲出了类似的经历,即等级制度森严时,就觉得不能开口说话。同时,高层即使愿意倾听、了解情况,往往也对他们在场之时产生的禁言效应视而不见。

没有说出口的话

26年前(以"哥伦比亚"号坠毁事故发生时间为参照),职场沉默在一场航空事故中也发挥了重大作用。[6]1977年3月,两架波音747客机在加那利群岛的机场跑道上相撞,致使这两架大型客机起火烧毁,583人死亡。这场事故被称为"特内里费空难",至今仍被认为是民航历史上最严重的空难。后来对它进行了调查,首次研究了人为因素在航空事故中所起的作用,接下来对航空程序和驾驶舱培训做出了调整,为当今一些最关键的心理安全措施奠定了基础。

下面,我们来看看3月末那天下午在特内里费岛的洛司罗迪欧机场出了什么问题。跑道被大雾笼罩，而且机场很小，两架飞机的飞行员都很难看清跑道和对方。事发当天，由于附近的拉斯帕尔马斯机场早些时候发生了炸弹袭击，突然需要改飞特内里费降落，这给一心想在规定的时间里完成飞行任务的机组人员增加了压力。空管员可能一直在观看体育比赛，分散了注意力。但是，这些都是比较常见的情况，即使情况不利，也不一定会导致悲惨事故。我们来仔细听听飞机驾驶舱内说了些什么——更重要的是，没有说出口的话和不说的原因——便能更好地理解心理安全所起的巨大作用。

驾驶荷航飞机的是机长雅可布·范·赞顿（Jacob Veldhuyzen van Zanten），他是一名资深飞行员，担任荷兰皇家航空（KLM）多数波音 747 飞行员的教练，同时兼任飞行安全总监。[7] 大家称他为"荷航先生（Mr. KLM）"，他还有权签发飞行员执照，监督飞行员 6 个月的飞行考核，决定是否可以延长他们的执照有效期。他的照片不久前还出现在荷航的宣传广告中，照片上的他身着一件白衬衫，端坐在控制面板前，面带微笑，充满自信，看起来像是一个能轻松掌控一切的人。

当天与范·赞顿一起飞行的还有另外两名经验丰富的优秀飞行员：32 岁的副机长克拉斯·莫伊尔斯（Klaas Meurs）和 48 岁的飞行工程师威廉·施勒德（Willem Schreuder）。重要的是，两个月前，范·赞顿是莫伊尔斯的"资格考核人"，也就是测试他是否有能力驾驶波音747。

关键时刻来了，荷航和泛美航空两家公司的航班都正准备起飞。在跑道上就位后，机长范·赞顿不耐烦地推动油门，飞机开始前行。副机长莫伊尔斯暗示范·赞顿滑跑早了，然后提醒说他们还没有得到空中管制（ATC）许可。

范·赞顿回答（听起来很恼火）："这个我知道。你去问一下。"[8]

在机长的要求下，莫伊尔斯随后用无线电向塔台发出通讯"起飞准备就绪""等待空管许可"。然后，空管员给出了飞机起飞后的飞行路线。尽管空管员说的话中包含"起飞"两个字，但双方的通话内容并不涉及"荷航，可以起飞"的明确指示。莫伊尔斯开始向空管员重复起飞许可，但范·赞顿用命令的语气打断了他："我们起飞。"

鉴于机长的权威，莫伊尔斯显然没了足够的安全感，不再说话。就在那一瞬间，莫伊尔斯没有开口说："等待起飞许可！"

同时，荷航飞机开始起飞滑跑后，塔台指示泛美航空机组人员"当跑道清空请回复"。对此，泛美航空机组人员回答："好，离开跑道后回复。"听到这话，飞行工程师施勒德担心泛美航空的客机还在跑道上，于是问道："泛美客机还没离开跑道吧？"

范·赞顿大声说"当然了"，然后继续准备起飞。

这时，施勒德也没有再说什么。尽管他准确地猜到泛美客机可能会挡住路，但听到范·赞顿那充满自信的反驳，施勒德没有再提出质疑。他没有要求空管员讲清楚或再确认一下，比如，可以问一句："泛美客机是不是还在跑道上？"施勒德选择了沉默，说明他缺乏心理安全感，这使得他几乎不会提出这样的质疑。

到那时，为时已晚。当范·赞顿、莫伊尔斯和施勒德终于能够看到泛美客机横在跑道上时，荷航飞机速度太快，根本停不下来。荷航飞机的左侧发动机、下部机身和主起落架飞速撞到了泛美客机机身的右上方，直接把中间一部分给切去了。撞击后，荷航飞机保持着短暂的飞行状态，随即失速，急剧翻滚，重重砸在了地面上，瞬间燃起熊熊大火。

这是科层制产生的无可避免的心理推动作用，副机长和飞行工程师都没有对机长的权威提出反对，即使他们自身的生命处于危险之中，更不用说他人的生命了。在那样的时刻，开口说话也许是有意义的，我们都会经历一个默认的决策过程，以权衡说出来的好处和代价。正如我们在第 2 章解释的那样，问题在于好处通常是不得而知的，会有所延迟（例如，避免可能发生的碰撞），而代价是直接可见的（范·赞顿的恼怒和潜在的愤怒）。结果，我们总是会低估好处，高估代价。在特内里费空难中，这种偏见导致了灾难性的后果。

很多人在分析悲剧性事故的引发事件时（比如在这场空难中，如果副机长直言不讳，也许是可以避免悲剧发生的），都会指出人们应该表现出更多的骨气。不同意这种说法是不可能的。但是，同意并不能让它真的发挥作用。劝告人们大声说出来，是因为这样做是正确的，它依据的是合乎道德的论据，却不是保证取得好成果的策略。强调勇敢说出来会给个人造成心理上的负担，却无法创造期望会得到满足的条件。

要想使畅所欲言成为常态，必须让心理安全以及对畅所欲言的期望制度化和系统化。特内里费空难之后，针对驾驶舱训练做出了多项改变，更加重视机组决策，鼓励飞行员在认为有问题时发表自己的意见，并帮助机长倾听副机长和机组人员的担忧。[9] 这些措施就是现在所有飞行员必须接受的正式机组资源管理（CRM）培训的前身。

过于相信权威

与商业航空一样，在医疗行业内权威同样深入人心，它与个人在严格的层级结构中所处的位置有着紧密联系。在直线指挥系统中，每个人都清楚自己的位置自然有其好处。但在这种直线职权影响下，顺从他人，尤其是面对模棱两可的问题时，可能会成为默认的运行模式，每个人都认为上面的人永远是最了解情况的。在某些情况下，认为处于层级结构中最顶层的人最有权威，这种默认的观念可能会造成致命的后果。而在其他情况下，默认医疗体系具有权威性的这种观念本身就是致命的。

39 岁的贝茜·雷曼（Betsy Lehman）是两个孩子的母亲，也是《波士顿环球报》（*The Boston Globe*）的一名医疗行业专栏作家，患有乳腺癌。1994 年 12 月 3 日，她在丹娜法伯癌症研究所（Dana-Farber Cancer Institute）进行第三轮大剂量化疗时死亡。[10] 在某种程度上，由于雷曼是新闻工作者，她的死被媒体广泛报道，尤其是她的死与医疗事故有关。[11]

雷曼就诊的丹娜法伯癌症研究所以癌症研究以及成功医治复杂疑难病例而闻名。该研究所只有 57 张住院病床，病人护理是特色科室。在这里，医生、护士和药房人员可以分享非正式信息，而非采用传统医院环境下的正式沟通机制。正如高级肿瘤学家斯蒂芬·萨兰（Stephen Sallan）所说："我们的信心基于一个设想，如果我们都很棒，那我们的药物安全工作也会很棒。"[12] 遗憾的是，对于这个假设并没有留下太多质疑和例行检查的空间。雷曼入院时，护理部主任一职已空缺一年多，这也表明医疗小组和临床小组并未充分意识到他们工作的相互依赖关系和复杂性。

1994 年 11 月 14 日，雷曼被送往丹娜法伯癌症研究所接受化疗，化疗药物是常用的环磷酰胺。雷曼的治疗方案涉及尖端的干细胞移植技术，使用了很高剂量的化疗药物。根据治疗方案，4 天内都要注射化疗药物，每 24 小时内注射的剂量"不足以致死"。[13]作为临床试验的一部分，还给雷曼注射了另一种药物——西咪替丁，它可以增强第一种药物的效果。[14]

　　在常规的癌症治疗中，每一疗程的化疗用药量通常是有标准方案的。但是，在研究型实验（如雷曼正在经历的）中，用药量上限可能并不明确。在丹娜法伯癌症研究所，每次可能有30%的患者参加临床试验，看到不一样的药物组合和剂量，注射化疗药物的员工早就习以为常了。[15]这也是在处方的整个处理过程中都没有警钟响起的部分原因：一位肿瘤学临床研究人员给雷曼开处方，再由护士将处方抄到雷曼的病例上，最后由三名不同的药剂师按处方配药，误将每天的药量开成了整整四天的药量（即给雷曼注射相当于正常量四倍的药物）。

　　这种疗法预计会引起严重的恶心和呕吐。但是，在医院接下来的三周里，雷曼出现了特殊症状。在前两次大剂量治疗期间，她没有这么难受。现在，她出现"严重肿胀"，血检和心电图检查均异常。[16]使用大剂量的环磷酰胺对心脏有毒性作用。雷曼的丈夫说，她"开始呕吐大量血块。（医生）说，他们从未见过这么剧烈的反应。但他们又说骨髓移植后出现呕吐是正常反应"[17]。雷曼曾问护士："我会呕吐而死吗?"[18]还有一名患者在雷曼不久前入院,因接受了同样不适当的化疗剂量而突然晕过去了,随即被紧急送往重症监护病房。

雷曼出院的前一天,她的症状似乎有所缓解。有迹象表明,实验性干细胞移植正在顺利进行。但是,心电图显示异常。12 月 3 日,即她的出院之日,也是她因心脏衰竭而死之日,与她说过话的最后几个人——一个朋友、一名社会工作者和一名护士——证实她非常不安、害怕,总感觉哪里"不对劲儿"。[19]她在前几周是否曾明确清晰地表达过这种担心,我们不得而知。但她肯定有过这样的想法。当然,重病患者通常不会断然质疑自己的治疗方案,尤其是实验性治疗方案。

直到三个月后,通过一次日常数据检查(而非临床问诊)才发现这起医疗错误。后来,丹娜法伯癌症研究所在化疗程序中加入了自动药物检查机制,作为纠正措施的一部分。最终,雷曼之死促使美国各家医院和医疗保健机构开始制定减少医疗错误的策略,包括在患者治疗过程中加强对常规程序的系统性检查,增加护理人员(不论其职业地位)的报告规定。

但从心理安全的角度来看,这背后存在更大问题——雷曼已出现严重的不适,为什么没有人认真而坚定地提出质疑:是否出现了严重的问题?雷曼和她的丈夫是否对这家备受推崇的医疗机构太过信任?同样,为什么药剂师没有对使用四倍大剂量化疗药物提出质疑？护士也可以提出这样的疑问。也许，他们绝对信任医生研究员的专业技能，所以没有刨根问底。或者，就算开口追问一下治疗方案的根据，最终也会被地位更高的同事拒绝，所以他们可能都不愿意说出来。我们不知道观察雷曼症状的护士和医生是否不太在意高剂量化疗预期会引起的副作用。所涉人员似乎都没能准确判断她的病情严重程度。最终，贝茜·雷曼的母亲米尔德里德·K. 雷曼（Mildred K. Leh-man）总结出了问题："她的治疗已大大偏离了方向，如果工作人员能够站出来，注意到多种迹象，也许还可以挽救贝蒂的生命。"[20]

我们能够从此事例中获取一个重要信息，也是当下大多数医院都在努力避免的事情，即宁求稳妥、不愿涉险的人际氛围是一个严重的风险因素，在这种氛围下，人们默默地倾向于自我保护和避免尴尬，却抹杀了在那一刻迫切需要人们提出意见的机会。人们提出问题或疑虑，最后被发现是错误的，显然远远胜于隐瞒不说，但是大多数人没有清醒地认识到这一点。提出疑虑，即使没有事实根据，也为开口之人和倾听的人提供了一次学习的机会，让他们从中发现有关他人对情况或任务想明白之处或不明白之处的重要信息。

沉默文化

卡桑德拉（Cassandra）是古希腊神话中最悲剧的人物之一，她被赋予了预言的天赋，却被诅咒永远没有人相信她。心理安全水平较低时，就会产生一种沉默文化，也可能产生一种"卡桑德拉"文化——一种轻视建言、无视警告的环境。尤其是在开口说话会引起人们对不愉快结果的注意时，就像卡桑德拉预测战争的情况一样，别人总是不听或不相信。因此，在沉默文化中，不仅会抑制建言，人们也不会仔细倾听那些开口之人的话——尤其是在他们传达不愉快消息的时候。

想一下 1986 年的"挑战者"号航天飞机爆炸。与罗德尼·罗查在工作场所的关键场合下保持沉默不同，美国宇航局承包商 Morton - Thiokol 的工程师罗杰·博伊斯乔利（Roger Boisjoly）确实发表意见了。在此次灾难性发射的前一天晚上，博伊斯乔利提出了他的担忧——酷寒环境可能导致连接航天飞机各部分的 O 形环失效。他的数据不完整，论点含糊不清，但如果聚集在一起的小组人员能够认真用心地倾听，他们只要通过一些简单的分析和实验，便可轻松解决这个不明确的问题。总之，要确保建言有效，就需要营造一种倾听的文化。

下面，我们来举最近的一个例子，看看当倾听文化薄弱时会发生什么。

无视警告

2011 年 3 月 11 日，日本东北部海域发生 9.0 级地震（后来被称为"东日本大地震"）。地震引发海啸，掀起了高达 45 英尺（13.72 米）的海浪，并袭击了福岛第一核电站。[21]由于防御海堤高度太低，巨大的海浪轻松越过海堤，淹没了福岛第一核电站，并完全摧毁了应急发电机、海水冷却泵和电力布线系统。由于电力供应被切断，核反应堆无法冷却，其中三个反应堆过热，导致多次爆炸，炸伤了地面的工人。最令人震惊的是，核燃料释放到海洋中，还有放射性核素从植物释放到大气中。由于核泄漏，成千上万的日本人被迫逃离家园，以躲避辐射。据估计，需要用 30—40 年才能完成清理作业，所以，很可能多数人再也无法返乡。[22]

此次地震是日本有史以来最强烈的地震，造成了无法避免的灾难性破坏，导致约 1.5 万人死亡。[23]但现在，人们普遍认为，福岛第一核电站的必然灾难实际上是可以预防的。独立调查委员会先后进行了 900 小时的听证，采访了 1000 多名相关人士，走访了 9 个核电站现场，召开了 19 次委员会会议和 3 次沟通会，最后于 2012 年夏天发布调查报告，得出结论——"这起事故明显是人为的"，"造成事故的一些直接原因都是可以预见的"。[24]查看证据后，就可以清晰地发现，在福岛第一核电站发生这一灾难性事故之前的几年中，有不止一个卡桑德拉式的人不止一次地发出警告，可能会发生这样的事故。当时，有人提出了合理的安全措施建议，如果采取了这些措施，很可能会避免或减轻核电站产生的破坏。但是，每次都没有人理会或相信这些警告。问题是，为什么？

2006 年，神户大学城市安全研究中心教授石桥克彦（Katsuhiko Ishibashi）被任命为日本一个负责修订核电站抗震标准的小组委员会的成员。石桥提议，工作小组对活动断层线的勘察标准进行审核，并对政府准予在有可能发生高频地震活动的地区建造核电站（比如福岛第一核电站）的记录资料进行评判。但其他人（大多数是与电力公司有联系的顾问）拒绝了他的提议，也不重视他提出的担忧。[25]

次年，石桥再次发声，他发表了一篇颇有先见之明的文章——《为何担忧？日本核电站面临重大地震破坏风险》。他在文中指出，多年来，日本一直处于地震活动的相对平静期，使之陷入了一种错误的自信。作为日本诸岛及周围地区地震活动和板块构造学的专家，石桥认为构造板块活动是有时间规律的，而这一地区还迟迟没有发生地震。他的警告很明确，"除非现在采取根本措施来增强核电站对地震的防御能力，否则日本可能会在不久的将来遭受真正的核灾难"，包括海啸引起的灾难。[26]遗憾的是，其他人无视了石桥的警告。例如，在核灾难期间，核安全监管员兼日本核安全委员会委员长班目春树

（Haruki Madarame）告诉日本立法机关不必担心，因为石桥只是"无名小卒"。[27]

如果班目严厉谴责石桥只是"无名小卒"，那么，石桥作为一名学者，而不是行业首脑或政府官员，确实是局外人。也许，他与二战后让日本摆脱历来的能源进口依赖、实现能源独立的强势举措没有那么紧密的联系。岛国日本几乎没有化石燃料资源，自20世纪50年代中期以来，便开始大力投资发展核能，力求实现其石油能源供应多样化，提高能源安全性。[28]在20世纪70年代"石油危机"之后的40年中，尽管发生了广为人知的"三英里岛"核事故（1979年）和"切尔诺贝利"核事故（1986年），日本仍不遗余力地扩大核电生产规模。[29]例如，日本政府向乡村小镇提供补贴和其他激励措施，鼓励建造核电站，甚至还开展公共关系运动，想让民众相信核电是安全的。[30]即便如此，民众对核电的观点仍然不甚清晰或持否定态度，并进行了几次反核电示威游行，政府因此放弃了几项增建核电站的计划。[31]在这种政治环境下，石桥提出的安全性问题可能被认为是不爱国或好干涉的言论。

东京电力公司（TEPCO）是日本最大的电力公司，也是福岛第一核电站的所有者，它在2000年进行的一项内部研究明确承认，日本有可能遭受海啸袭击，海浪可能高达50英尺（15.24米）。实际上，其研究报告已建议采取措施，以更好地防范洪灾危险。但是，东京电力公司认为发生这种低概率事件的风险是不现实的，最后什么也没做。[32]日本原子力安全保安院（NISA）等日本监管机构也可能不愿监管公用事业，这是因为那时核能已成为日本日益重要的优先发展战略，而且为了达到《京都议定书》规定的温室气体排放目标，需要增加核发电量。日本计划在 2011 年之前增建十来座核电站。[33]在福岛核灾难之前，核反应堆的发电量已占日本总发电量的 30%，日本政府曾计划在未来几年里将这一比例提高到 40%。[34]

表面上看，安全问题是核电扩建计划的一部分，但回顾性调查表明，政府和行业文化并没有充分相信或考虑现有威胁的严重程度。例如，日本原子力安全保安院在 2009 年 6 月举行了一次会议，专门讨论福岛第一核电站应对自然灾害的准备情况，但根本没有将海啸列入议程。该机构只是觉得福岛地区不太可能发生海啸，不值得考虑。在设计福岛的安全指标时，专家组便参考了该地区史上最大地震的数据，即 1938 年发生的 7.9 级地震，仅引发了小型海啸。由于福岛第一核电站的反应堆位于海边，东京电力公司建造了一个海堤——其高度足以防御与 1938 年海啸规模相当的袭击。专家组认为，海堤高度足以抵御海啸的冲击，所以重点集中在让核电站为地震做好准备上。

在 6 月的会议上，又一个卡桑德拉式的人开口了。日本活动断层和地震研究中心主任冈村幸信（Yukinobi Okamura）博士告诉专家组，他不同意东京电力公司的决定。[35]他认为，1938年的地震强度不够大，不能用作设计福岛第一核电站安全指标的参考基准，他还列举了一个更早的例子——"贞观海啸"，也就是公元869年贞观大地震引发的海啸。东京电力公司代表想让冈村失去权威性，贬低他提出的问题的重要性，或两者兼而有之，便声称贞观地震"没有造成太大破坏"。冈村还是坚持己见。贞观海啸摧毁了城堡，导致至少1000人死亡。有关历史著述记录了贞观海啸的狂暴之势，海浪"如噩梦般肆虐，很快就扑到了市中心"。冈村告诉专家组，他担心福岛地区会遭遇像贞观海啸这般规模的大海啸。令他困惑的是，专家组没有充分利用一切可用数据。

东京电力公司的一名高管没有听取并认真对待冈村提出的问题（如果在心理安全水平较高的文化中，可能会出现另一番情况），他反驳说，那场传奇的地震没有用现代工具和技术测量过，以它为依据来提出安全建议，根本毫无意义。另外，本次会议的目的是讨论地震的风险，而不是海啸。会议继续进行，东京电力公司的高管们表示，他们将尽力了解更多信息。在下次会议上，冈村再次试图说服专家组相信这一威胁的严重性。他介绍了自己所在研究所创建的预测模型，通过该预测模型可以证明当前的海堤不够高，根本无法抵抗8.4级以上的地震；此外，他还介绍了他们针对贞观海啸留下的沙石进行的详细勘测。但是，专家组最终还是没有听取他的警告。

保持沉默，静待好处

沉默文化可以理解为一种盛行"随大流"而非讲出"个人担忧"的文化。它基于以下假设：大多数人的意见没有价值，所以不会受到重视。也许，对于沉默文化如何永久地树立了一种最终导致福岛第一核电站灾难性事故的态度，日本国会福岛核事故独立调查委员会（NAIIC）主席黑川清（Kiyoshi Kuroka-wa）明确地给出了最有力的控诉，他在英文版报告的开头写道：

> 尽管本报告提供了大量细节，但它无法充分传达——尤其是无法向全球受众传达——的是背后支持这场灾难的疏忽的心态。我们必须怀着非常沉痛的心情承认，这是一个"日本制造"的灾难。它的深层次原因可以追溯到日本文化根深蒂固的传统：我们条件反射性的服从，我们不愿质疑权威，我们对"坚持程序"的热衷，我们的集体主义和我们的褊狭。[36]

黑川列出的所有根深蒂固的传统并非只存在于日本文化

中。在心理安全水平较低的文化中，普遍存在这样的现象：每个人从内心不愿意开口或提出反对，还强烈渴望在外人面前表现得很体面。无论在公司内外，即使有意见，员工出于名声考虑，也会选择保持沉默。不听有关福岛第一核电站的安全性警告——以及如何采取更好的安全措施——与国家的核能发展愿望息息相关。

与我们从第3章纽约联储案例中所得出的教训相似：又一组权力机构彼此心照不宣，串通一气来压制那些敢于直言不讳、提出反对或不同意见的少数人，日本的核电行业受到了"监管俘获"的影响。黑川说，通过核能实现国家能源安全是日本的长期政策目标，它已成为"一道强有力的命令，核电成为一股不可阻挡的力量，而不受国民社会的监督。核电的监管被委托给负责其发展的政府机构"。[37]这种盲目的需求和雄心帮助创造了一种文化，在这种文化中，"顶住监管压力和隐瞒小事故已成为通行的做法。……结果导致了福岛第一核电站的灾难。"[38]

2013年，斯坦福大学的一项研究得出结论，建造一条高度足以防止灾难的海堤仅需投资5000万美元。[39]然而，此案例表明，在主导文化不想听到任何信息时，让人倾听——让人接受、探讨意见以及有时根据意见采取行动，是多么困难。

喧嚣社交媒体时代下的沉默

2017 年 10 月 15 日，女演员艾莉莎·米兰诺（Alyssa Milano）在她的个人移动设备中输入了不到 140 个字符："如果你曾遭受性骚扰和性侵，就回复这条推文，写下'我也是'。"不到 24 小时，带#MeToo 标签的推文达到了近 50 万条。[40]MeToo 运动是在十年前由塔拉纳·伯克（Tarana Burke）发起的[41]，近年来发生的多起针对知名人士提起的性骚扰指控引起了公众的高度关注，在此背景下，米兰诺发布的这条推文在社交媒体上引发了一场积极的运动。目标：简单的"说出来"行动。各行各业中曾遭受过各种（通常是很过分的、反复出现的）非意愿性关注的男男女女，大多数人甚至不敢告诉他们最亲密的亲戚朋友，米兰诺用这条推文鼓励他们在公共论坛上发文公开自己的遭遇。

米兰诺的推文并不是第一个"说出来"行动。9 个月前（2017 年 2 月 19 日），一位年轻的软件工程师写的一篇 3000 字的博文引爆了社交媒体。[42]打车服务公司 Uber 的网站维护工程师苏珊·福勒（Susan Fowler）最近辞职了，她在个人网站上行使坦诚直言的权利。她称自己的经历是"一件奇怪、引人注意又有些可怕的事情"，她详细而诚实的描写清楚地表明，权力和沉默机制深深植根于心理不安全文化。福勒的发声得到了一些同事的回应，由社交媒体推波助澜，更在主流媒体的助力下愈演愈烈，这告诉我们：不安全的文化终究难以为继。

在刚入职 Uber 的第一天，福勒的经理通过公司的聊天系统向她发送了一连串的不当消息。"他正在找女人做爱。"福勒说，"他的言语很直白，就是想要和我做爱……"她把消息截了图，并向公司 HR 举报了这个经理，但事情并没有得到预期应有的处理。公司 HR 和高层都表示，"这是他第一次犯事，公司只做个人警告和谈话处理，不会给他其他任何的惩罚"，因为他"业绩突出"。他们给了福勒两个选择：要么换到其他团队，要么继续留在现在的团队，但她要明白这个经理"很可能会在今后的考评中给（她）差评，公司也不会干预"。福勒想对这种"选择"方案提出抗议，但并没有用，最终只得调换团队。

在接下来的几个月中，福勒遇到了其他几个女工程师，得知她们在 Uber 也都有过类似被性骚扰的经历。她们同样向 HR 举报过，但问题同样没有得到解决。甚至福勒遇到的那个经理也给其他几个女同事发过类似的骚扰信息。最后公司给出的答复别无二致，"这是他第一次犯事"。每次都是没有任何处理。福勒和同事们都觉着没有人理会她们说的话，然后沉默了一阵子。

讽刺的是，正如福勒在博文中所写的，她 2015 年 11 月加入 Uber，一开始还满心激动，理由是她"得到了一次难能可贵的机会，可以自由选择加入哪个工作团队，做自己想做的事情"。

提拔和保护

Uber 科技公司由连续创业家特拉维斯·卡兰尼克（Travis Kalanick）和好友加勒特·坎普（Garrett Camp）于 2009 年创立，2011 年获得硅谷著名风险投资公司的资助，成功在旧金山上线。[43]随着 Uber 不断发展壮大，这家积极进取、发展快速、特立独行的公司声名鹊起，这也符合它颠覆传统出租车行业、转而发展共享经济的显见初衷。[44]优秀员工被"提拔并保护"——只要员工完成或超额完成业绩指标就会得到奖励。[45]在福勒的博文引起巨大反响后，现任员工和已离职的员工纷纷站了出来，他们称 Uber 的文化"百无禁忌"，是一种"霍布斯主义的环境……在这种环境中，员工有时会互相争斗，对业绩表现出色者的违规行为视而不见"。[46]福勒的经理只是其中一个典型的例子。

与其他 Uber 新员工一样，公司也向福勒传达了自身的核心价值观。[47]但是，有些价值观很可能是滋长心理不安全环境的因素。例如，"铆足干劲"，是对 Uber 尤为重要的一条核心价值观，它是一种"什么都能做"的态度，要求员工尽一切所能促进公司的发展。这通常意味着长时间的工作，它本身并不是心理不安全环境的标志。福勒似乎很享受智力挑战，并强调她为自己和她的工作团队所做的工程工作感到"自豪"。但是，铆足干劲，也暗示着保持一种体育竞技和雄性激素爆发状态，似乎预示着艰难时期即将到来。

还有一个核心价值是"敢于放手一搏"，这可以理解为"请求宽恕，而非许可"。换言之，先越界，等事后被发现是错误的，再请求宽恕，总好过一开始就请求越界许可。还有一个核心价值观是"精英善借力"，就是激励员工自主工作，而不是参与团队合作，给他人制造麻烦，完成自己的工作，让自己上位，哪怕这样做会破坏某些人际关系。[48]

你可能会问，那又如何？就是这样一家公司让苏珊·福勒这样勤奋而有才华的工程师闭嘴、受伤，并最终失去了他们，却仍然取得了极大的成功，数百万人都在说着一个新词——"Uber"。Uber实现了指数级增长，截至2018年年初，其市值已超过700亿美元。[49]也许，一点点"铆足干劲"，再稍微地"踩别人脚趾"，才是今天获得成功之法？

一个问题是，社交媒体提供了一种新的发声方式，这时，公司再想要心安理得地积极倡导一种心理不安全文化，就困难多了。继福勒揭发之后，不少记者开始奔走调查。《纽约时报》采访了30多名Uber的现任员工和离职员工，并报道了多起骚扰事件，其中一些令人震惊，如Uber的一名经理"在拉斯维加斯的野外拓展活动中摸了一名女同事的胸部"和"一名总监开会时与一名下属激烈对峙，竟然把诋毁同性恋的言词甩向对方"。[50]据福勒透露，她刚加入Uber时，工程维护团队的女性员工人数超过25%，但在她离职之前，该比例下降到了6%。在福勒发表博文之后，多起诉讼接踵而至，许多员工（不论职位高低）要么被解雇，要么自行离职，自此，Uber 的估值和声誉一落千丈。[51]第二个问题是人们遭受了不必要的伤害。

在五个大股东的要求下，Uber 的 CEO 特拉维斯·卡兰尼克于 2017 年 6 月 21 日宣布辞职。[52]尽管福勒曾向美国最高法院请愿，请求法院在判决 Uber 可否在劳动合同中要求员工放弃集体诉讼的权利时，考虑她在 Uber 的经历，但该提议后来被否决。[53]那年，她登上《时代周刊》封面，被评为"2017 年度人物"，同时当选"年度人物"的还有其他 4 位勇敢说出自己遭遇性骚扰经历的"打破沉默者"。[54]她还被《金融时报》评为"2017 年度人物"[55]，登上了《名利场》的"新成就"榜单[56]，在美国知名科技网站 Recode 的"百大影响力人物"榜上排名第二，仅次于杰夫·贝索斯（Jeff Bezos）[57]。

苏珊·福勒就是一个例子，说明社交媒体是如何让真话在工作场所发挥作用的。2017 年，数千名女性勇敢地说出"我也是"，大胆讲述自己在工作场所遭遇的骚扰，让数百个身居高位的男性自食恶果，其中不少人已在其位一段时间、数十年之久，甚至是整个职业生涯。通信技术使得"我也是（Me Too）"和"黑人的命也是命（Black Lives Matter）"等社交媒体运动得以如火如荼地开展，并迅速传播至主流媒体，演变成舆论热点，在某些情况下还会闹上法庭。这种运动增强了人们建立和维护"构建心理安全空间，以鼓励人们尽心尽力做好本职工作"的组织的紧迫感。

2017 年 8 月，Uber 新任 CEO 达拉·科斯罗萨西（Dara Khosrowshahi）走马上任，与女工程师召开会议就是他的一项首要工作。他意识到公司文化已受到破坏，便开始为创造心理安全的工作场所打基础。Uber 全球用户体验总监杰西卡·布林扎（Jessica Bryndza）说："他（科斯罗萨西）一点儿也不咄咄逼人。他会倾听。"[58]

这里的关键词是"倾听"。在第 5 章和第 6 章中，大家将能够看到八个蓬勃发展的组织，在这些组织中，领导者创造了合适的环境，让倾听和畅所欲言成为常事，而不是一种特例。在这些无所畏惧的工作场所中，员工不大可能不想分享有价值的信息、见解或问题，而领导者将更有可能愿意倾听，而不是忽略坏消息或早期警告。

第 4 章重要结论

● 如果人们无法说出自己的疑虑或问题，客户或员工的人身安全就会受到威胁，有时还会导致悲剧的死亡事件。

● 过于相信权威是心理和人身安全的风险因素。

● 沉默文化是危险的文化。

注释

1. Harris. S. J. "Syd Cannot Stand Christmas Neckties." *The Akron Beacon Journal*. January 5, 1951, pp. 6. https//www. newspapers. com/newspage/147433987/Accessed July 23. 2018.

2. Roberto, M. A, Edmondson, A. C., &. Bohmer, R. J., *Columbia's Final Mission*. Case Study. HBS No. 304 - 090. Boston, MA Harvard Business School Publishing, 2004.

3. Whitcraft, D., Katz, D., & Day, T. (Producers). "Columbia Final Mission," *ABC Primetime*. New York ABC News, 2003.

4. National Aeronautics and Space Administration. *Columbia Accident Investigation Board Report Volume 1*. Washington, D. C. U. S. Government Printing Office, 2003.

5. Whitcraft, D. *et al.* 2003, op cit.

6. The story of the disaster on Tenerife in this chapter draws on a number of sources produced by Jan Hagen and his colleagues, including.

· Schafer, U., Hagen, J., & Burger, C. Mr. KLM (A) Jacob Veldhuyzen. Case Study. ESMT No. 411 - 0117. Berlin, Germany European School of Management and Technology, 2011.

· Schafer, U., Hagen, J., &Burger, C. Mr. KLM (B) Captain van Zanten. Case Study. ESMT No. 411-0118. Berlin, Germany European School of Management and Technology, 2011.

· Schafer, U., Hagen, J., & Burger, C. Mr. KLM (C) Jaap. Case Study. ESMT No. 411-0119. Berlin, Germany European School of Management and Technology, 2011.

· Hagen, J. U. *Confronting Mistakes Lessons From The Aviation Industry When Dealing with Error*. United Kingdom Palgrave Macmillan UK, 2013. Print. 98 Psychological Safety at Work.

7. Royal Dutch Airlines is Koninklijke Luchtvaart Maatschappij in Dutch, abbreviated as KLM.

8. The dialogue reported in this story was captured by the cockpit voice recorders of both planes involved in the collision and reported in Appendix 6 of the

following investigation report Air Line Pilots Association. *Aircraft accident report Human factors report on the Tenerife accident*, *Tenerife*, *Canary Islands*, *March 27*, *1977*. Washington D. C. Engineering and Air Safety, 1977.

9. For history and background on CRM, refer to Alan Diehl's book on air safety Diehl, A. E. *Air Safety Investigators Using Science to Save Lives — One Crash at a Time*. United States XLIBRIS, 2013. Print.

10. The story of Betsy Lehman's death at the Dana—Farber Cancer Institute in this chapter draws on information from a case study by my colleague Richard Bohmer Bohmer, R. &Winslow, A. The Dana—Farber Cancer Institute. Case Study. HBS Case No. 699 — 025. Boston, MA Harvard Business School Publishing, 1999.

11. *The Boston Globe* broke the Lehman story and continued to follow it closely in the months and years that followed. Richard Knox, who was later sued for his coverage of the incident, wrote the first article about the error Knox, R. A. "Doctor's Orders Killed Cancer Patient." *The Boston Globe*, March 23, 1995.

12. Bohmer, R. & Winslow, A. 1999 8.

13. Gorman, C. & Mondi, L. "The disturbing case of the cure that killed the patient." *TIME Magazine*. April 3, 1995 60. http//content. time. com/time/magazine/article/0,9171,982768,00.htmlAccessed June 14, 2018.

14. Bohmer, R. & Winslow, A. 1999, op cit.

15. *Ibid*.

16. Knox, March 23, 1995, op cit.

17. *Ibid*.

18. *Ibid*.

19. *Ibid*.

20. Knox, R. A. "Dana—Farber puts focus on mistakes in overdoses." *The Boston Globe*. October 31, 1995. https//www.highbeam.com/doc/1P2−8310418.htmlAccessed June 12, 2018.

21. Details on the disaster at FukushimaDaiichi come from multiple reports.

· Fukushima Nuclear Accident Independent Investigation Commission (NAIIC). "Official Report of the Fukushima Nuclear Accident *Dangerous Silence* 99 Independent Investigation Commission Executive Summary." *National Diet of Japan*. 2012. https//www. nirs. org/wp-content/uploads/fukushima/naiic_report. pdfAcc-essed June 12, 2018.

· Amano, Y. "The Fukushima Daiichi Accident Report by the Director General." *International Atomic Energy Agency Report*. 2015. https//www-pub. iaea.org/MTCD/Publications/PDF/Pub1710-ReportByTheDG-Web.pdfAccessed June 12, 2018.

22. Amano, Y. 2015, op cit.

23. *Ibid*.

24. Fukushima NAIIC. 2012 16.

25. Clenfield, J. & Sato, S. "Japan Nuclear Energy Drive Compromised by Conflicts of Interest." *Bloomberg*. December 12, 2007. http//www. bloomberg. com/apps/newspid=newsar-chive&sid=awR8KsLlAcSo Accessed June 12, 2018.

26. Ishibashi, K. "Why Worry Japan's Nuclear Plants at Grave Risk From Quake Damage." *The Asia-Pacific Journal*. August 1, 2007. https//apjjf.org/-Ishibashi-Katsuhiko/2495/article.htmlAccessed June 12, 2018.

27. Clenfield, J. "Nuclear Regulator Dismissed Seismologist on Japan Quake Threat." *Bloomberg. com*. November 21, 2011. https//www. bloomberg. com/news/articles/2011-11-21/nuclear-regulatordismissed-seismologist-on-japan-quake-threatAccessed June 12, 2018.

28. World Nuclear Association. "Nuclear Power in Japan." *World-Nuclear. org* www. world-nuclear. org/information-library/country-profiles/countries-g-n/japan-nuclear-power. aspx. Accessed June 4, 2018.

29. *Ibid*.

30. Aldrich, D. P. "With a Mighty Hand." *The New Republic*. March 19, 2011. https//newrepublic.com/article/85463/japan-nuclear-powerregulation Accessed June 11, 2018.

31. See, for instance BBC News. "Japan cancels nuclear power plant." *BBC News*. February 22, 2000. http//news.bbc.co.uk/2/hi/asia-pacific/652169.st-mAccessed June 10, 2018.

32. Tokyo Electric Power Company. "Fukushima Nuclear Accident Summary

& Nuclear Safety Reform Plan" *Tokyo Electric Power Company*, *Inc.* March 29, 2013 19. As the company wrote in this report after the Fukushima disaster "in June and July of [2000], the cost of constructing flooding embankment to protect against tsunami and the impact on surrounding areas were evaluated. The reliability 100 Psychological Safety at Work of the computational result was also discussed." But they ultimately concluded that the "technological validity" of such a model could not be verified, and did nothing more.

33. World Nuclear Association. "Nuclear Power in Japan," op cit.

34. *Ibid.*

35. All information from the Okamura story is from Clarke, R. & Eddy, R. P. *Warnings Finding Cassandras to Stop Catastrophes*. Harper Collins Publishing, 2017, Chapter 5, pp. 75−98.

36. Fukushima NAIIC. 2012. 9.

37. *Ibid.*

38. *Ibid.*

39. Lipscy, P. Y., Kushida, K. E., & Incerti, T. "The Fukushima Disaster and Japan's Nuclear Plant Vulnerability in Comparative Perspective." *American Chemical Society Environmental Science & Technology*, (2013) 47, 6082−6088.

40. Gilbert, S. "The Movement of #MeToo How a Hashtag Got Its Power." *The Atlantic*. October 16, 2017. https//www. theatlantic. com/entertainment/archive/2017/10/the−movement−of−metoo/542979/Accessed June 14, 2018.

41. Garcia, S. E. "The Woman Who Created #MeToo Long Before Hashtags." *The New York Times*. October 20, 2017. https//www. nytimes. com/2017/10/20/us/me−too−movement−tarana−burke.htmlAccessed June 13, 2018.

42. Fowler, S. "Reflecting on One Very, Very Strange Year at Uber." Susan Fowler personal site. February 19, 2017. https//www. susanjfowler. com/blog/2017/2/19/reflecting−on−one−very−strange−year−at−uber Accessed June 5, 2018.

43. Several details on Uber were taken from a case written by my friend Jay Lorsch and colleagues Srinivasan, S., Lorsch, J. W., & Pitcher, Q. Uber in

2017 One Bumpy Ride. Case Study. HBS No. 117-070. Boston，MA Harvard Business School Publishing，2017.

44. Isaac，M. "Inside Uber's Aggressive，Unrestrained Workplace Culture." *The New York Times*. February 22，2017. https//www. nytimes. com/2017/02/22/technology/uber-workplace-culture.htmlAccessed June 13，2018.

45. Isaac，M. "Uber's C. E. O. Plays With Fire." *The New York Times*. April 23，2017. https//www.nytimes.com/2017/04/23/technology/traviskalanick-pushes-uber-and-himself-to-the-precipice.htmlAccessed June 13，2018.

46. Isaac，M. February 22，2017，op cit. *Dangerous Silence* 101 47. Quora. "What Are Uber's 14 Cultural Values" *Quora*，https//www. quora. com/What-are-Ubers-14-core-cultural-values.

48. *Ibid*.

49. Schleifer，T. "Uber's latest valuation $ 72 billion." *Recode*. February 9，2018. https//www.recode.net/2018/2/9/16996834/uber-latestvaluation-72-billion-waymo-lawsuit-settlementAccessed June 13，2018.

50. Isaac，M. February 22，2017，op cit.

51. Srinivasan，S.，Lorsch，J. W.，& Pitcher，Q. Uber in 2017 One Bumpy Ride. Case Study. HBS No. 117-070. Boston，MA Harvard Business School Publishing，2017.

52. Isaac，M. "Uber Founder Travis Kalanick Resigns as C. E. O." *The New York Times*. June 21，2017. https//www. nytimes. com/2017/06/21/technology/uber-ceo-travis-kalanick.htmlAccessed June 13，2018.

53. Blumberg，P. "Ex-Uber Engineer Asks Supreme Court to Learn From Her Ordeal." *Bloomberg. Com*. August 24，2017；Hurley，L. "Companies win big at U. S. top court on worker class-action curbs." *Reuters*. May 21，2018.

54. Kim，L. "Two Bay Area Women on Time Cover for 'Person of the Year.'" *ABC7 San Francisco*. December 7，2017.

55. Hook，L. "FT Person of the Year Susan Fowler." *Financial Times*. December 12，2017.

56. Morse，B. "ElonMusk，Susan Fowler，and Mark Zuckerberg Join Tech's Biggest Names in 'New Establishment' List." *Inc. com*. October 2，2017.

https//www.inc.com/brittany−morse/elon−musk −susan−fowler−andmarkzerberg−join−big−tech−names−in−new−establishment−list.htmlAccessed June 8, 2018.

57. Bhuiyan, J. "With Just Her Words, Susan Fowler Brought Uber to Its Knees." *Recode*, December 6, 2017. https//www. recode. net/2017/12/6/16680602/susan−fowler−uber−engineer−recode−100−diversitysexual−harassmentAccessed June 12, 2018.

58. Kerr, D. "Uber's U−Turn How the New CEO Is Cleaning House after Scandals and Lawsuits." *C − NET*. April 27, 2018. https//www. cnet. com/news/ubers− u − turn − how − ceo − dara − khosrowshahi − is − cleaningup − after − scandals−and−lawsuits/Accessed June 14, 2018.

第 5 章 无畏的工作场所

> 我们唯一应该恐惧的就是恐惧本身。
>
> ——富兰克林·德拉诺·罗斯福[1]

也许真正让人无所畏惧的工作场所并不存在。人们也本能地不喜欢在同级和上司面前名声扫地。但是，越来越多的组织希望建立无畏的工作场所。这些组织的领导者认识到，当知识是创造价值的重要源泉时，心理安全至关重要。从这种意义上来说，建立无畏的组织是一个不断奋斗、力求实现的目标，而不是一件一劳永逸的事情。这是一段没有终点却充满活力的旅程。

在本章中，我将介绍一些成功的公司努力创造的方法和文化，来展示心理安全是如何发挥作用的。当人们敢于畅所欲言，提出问题，进行激烈的辩论并致力于持续学习和改进时，就有好事发生。我并不是说这很容易做到或总是很有趣。但是，你接着往下看便会发现，投入精力并接受挑战，就会有回报。在工作场所中，如果知道公司重视自己的意见，人们便能够主动创造新的可能性，他们也将更加敬业，并努力工作以期取得出色的表现。

本章介绍的组织能够让我们得以一窥心理安全的工作场所的全貌，它们能够展现：当员工自由表达自己的想法、问题和担忧时——对于产品质量、客户和股东而言——会产生怎样的效果。这类无畏的组织在数量上比充满畏惧的组织少，但它们拥有潜藏的竞争优势，而且根据行业、公司领导者和工作性质的不同，它们会以多种方式脱颖而出。

我们将在下文中看到，心理安全在工作场所中不只有一种表现方式。当团队、部门或组织具备心理安全时，其表现相当简单直接，特别是与人们试图应对因恐惧和不信任而造成的人际和对话复杂性相比时尤为如此。因此，你可能会注意到，"好消息"事例会相对简单。在本章中，你会听到更多的领导者用他们自己的语言描述，如何在快速变化的世界中建立高效组织的愿景和原则。这是因为你在接下来看到的几位领导者，经过审慎的思考之后，做出的对于如何创建能够发挥人们最大潜能的组织的有意识的决策。

本章列举的公司范围之广，涵盖电影和时装创意、高科技计算和金融以及机械制造。虽然这些公司大相径庭，但它们的成功都离不开员工的学习、创造力和敬业度。

让坦诚成真

　　如果在 1995 年的时候你已经年满 3 岁，很可能你已经知道或很快就会知道电影《玩具总动员》，它是皮克斯动画工作室发行的第一部完全使用电脑制作的动画长片。那年，《玩具总动员》成为票房最高的电影，皮克斯上市成为发行规模最大的IPO。[2] 用他们的话说，接下来发生的事，大家都知道了。到现在，皮克斯已经制作了 19 部动画长片，每一部都是票房和口碑双丰收。在该行业中有一句话值得注意，"爆款很珍贵，却很罕见"，同一家公司制作的多部影片无一例外都成了爆款，这样的情况几乎闻所未闻。皮克斯是如何做到的呢？那就是通过领导力打造一种创造力和彼此挑战都可以蓬勃发展的环境。皮克斯致力于创作故事并将故事制作成动画片，但它的运作方式提供了关于心理安全的经验教训，就像其电影一样，这些经验教训是具有普适意义的。

　　皮克斯联合创始人埃德·卡特穆尔（Ed Catmull）将工作室取得成功的部分原因归结于坦诚。他对坦诚的定义是直率或坦白[3]，他认为，说到坦诚，我们总能联想到说实话和直爽，他的这一见解支持了心理安全原则。一旦坦诚成为工作场所文化的一部分时，人们就不会被迫保持沉默，不会把自己的想法埋在心里。他们会说出内心的想法，分享自己的观点、意见和批评。理想情况下，他们会一起开怀大笑，有什么就说什么。为了鼓励员工保持坦诚，卡特穆尔不断寻找方法，希望在组织内部建立这样的制度——其中最重要的就是皮克斯所谓的"智囊团"小组。

"智囊团"小组成员每隔几个月就会开一次会议，对皮克斯正在制作的电影给出评价，向导演提供坦率的反馈，并帮助解决创意问题。智囊团成立于1999年，当时皮克斯急着抢救被意外删除的《玩具总动员2》。智囊团的秘诀很简单：导演和讲故事的人聚在一起观看电影的初版小样，共进午餐，然后给导演提供反馈，说出在他们看来影片有哪些地方是合理的，哪些地方是不合理的。但这一秘诀的关键因素是坦诚。坦诚，虽然简单，做起来却绝非易事。

欣然接受成功之路沿途的曲曲折折

卡特穆尔坦承："……我们所有的影片，在前期都烂透了。"[4] 换言之，如果只是把《玩具总动员》制作成一部揭露玩具秘密的滑稽无聊的影片，那会很容易。但是，创意过程本来就是迭代的，它依靠的是真正诚实的反馈。在初版放映之时，如果坐在智囊团会议室中的人员没有足够的安全感，无法坦率地提出自己觉得不恰当、不完整、不清晰或讲不通的细节，而只是礼貌地咕哝着赞美之词，那么《玩具总动员》和《玩具总动员 2》可能不会迅速登上动画影片的一个高峰。

皮克斯的智囊团自有其原则。第一，反馈必须是建设性的——反馈是对项目的反馈，对事不对人。同样，电影制片人不能回以抵触的态度，也不要把批评看成是针对自己，必须做到愿意倾听真话。第二，评论是建议，不是方案。不必令行禁止。导演是电影的最终负责人，有权决定采纳或不采纳别人提出的解决方案。第三，坦诚的反馈不是回答一句"我明白了"，而必须出于感同身受。通常，导演已经经历了整个过程，这很有帮助。在提出反馈时，不要讲太多赞美和恭维之词，尤其是对于导演的远见和抱负。卡特穆尔还说："智囊团应该是仁慈的，它的目的是提供帮助，不带有自私的成分。"[5] 智囊团被视为不偏不倚且独立的"它"，而不是令人生畏的"他们"，因而，认可它的力量大于所有个体成员的力量之和。当人们感受到足够的心理安全，就会说出见解、观点或建议，会议室中的集体智慧将会成倍增加。这是因为，相比分开收集个人反馈时所产生的效果，此时的个人观察和建议是相辅相成的，它们能够呈现新的形式并创造新的价值。

智囊团——由按共同议程进行探讨并向同事提供坦率反馈的人组成的团队，会受到个人性格和相互关系的影响。换言之，如果整个过程没有得到很好的引导，他们很容易脱离正轨。为了提高效率，管理者必须持续监控动向。如果人们尊重彼此的专业技能并信任彼此的意见，将大有帮助。导演安德鲁·斯坦顿（Andrew Stanton）提出了如何选择高效反馈组成员的建议。他说，他们必须"能够帮助你思维更敏锐，并在短时间内提出多种解决方案"。[6] 斯坦顿关于选择能让我们"思维更敏锐"的人的观点，道破了心理安全对于创新和进步至关重要的原因。只有会议室中的其他人不隐藏自己真实的想法，我们才能思维更敏锐。

可悲的是，此处有必要提出警告。2017 年年底，埃德·卡特穆尔（Ed Catmull）的联合创始人兼皮克斯首席创意官约翰·拉塞特（John Lasseter）因被控行为不当而离职，并向员工发送了一封邮件，向"那些曾经不情愿被我拥抱过的，或认为我有任何其他越界的动作并受到这些动作影响的人"道歉。[7] 很快，皮克斯多名员工投诉曾受到拉塞特的骚扰。拉塞特的此类行为，乃至后来被揭露出来的（这是第 6 章中提及的 Me Too 运动的一部分），都能够突出心理安全的脆弱性和时效性。非情愿的肢体关注很容易破坏来之不易的信任。

智囊团类似于学术界的同行评议——即一位作者将自己正在撰写的文章草稿或书稿交给同一领域的其他专家审阅并提出建设性评议。这样的意见对于下一步改进可能十分有价值，而且绝大多数情况下，已发表的文章确实都比最初提交的手稿好得多。但是，学术界的同行评议也可能存在竞争和不友好——特别是在匿名的情况下，而智囊团从一开始就把这些因素排除在外了。皮克斯的这种做法也类似于"艺术点评"——一组艺术生聚集在一起，通常是在教授或专业艺术家引导下，对彼此的作品坦率地作出评价。当坦诚具有破坏性，又没有足够的同理心加以平衡时，艺术点评——就像任何类似的流程一样——可能会陷入较低水平的心理安全状态，[8] 但也不一定会出现这种情况。同行的反馈很有意义，能够帮助年轻艺术家进行自我纠正。[9] 想象一下，如果对倒霉的大众汽车柴油机进行把关的是对柴油机可行性提供坦诚反馈的工程师智囊团，而不是害怕失败、遮遮掩掩的团队，结果可能大不相同。

允许失败

卡特穆尔说，失败是皮克斯实现票房大幅提升的另一个关键因素。这听起来或许有些奇怪，因为皮克斯最不希望看到的就是票房惨淡。但是，避免这种结果，可理解为在创意历程中尽早遭遇失败。智囊团将风险和失败视为创意过程的必要组成部分。按照卡特穆尔的说法，每一部电影在打造前期都"烂透了"。斯坦顿将电影的制作过程比作学骑单车的过程，不摔倒几次，就学不会如何优雅地蹬踩。[10] 卡特穆尔认为，如果不接受失败，人们"将会重复做一些有把握的事情，那些曾经做得很好的事情。如此，他们的工作就会缺乏独创性，毫无创新"。[11]就像很多其他的场景一样，勇于实验和不断地试错都是创新的必经之路。

卡特穆尔承认失败让人心痛，这很诚实，也很本真。拥抱失败，说起来很容易，真正做起来难之又难。"为了区分失败的好处和坏处，"他说，"我们必须认识到现实的痛苦，以及因此而得以成长的好处。"[12]他指出，只是在失败发生时接受失败，然后继续前行，还不够，多多少少都要怀抱避免再次发生同样的失败的希望。在理解失败时，我们不需要把它看成令人害怕或试图逃避的事情，而是学习和探索的自然组成部分。就像学习骑自行车可能会造成膝盖破皮或肘部青肿这样的身体不适一样，制作一部震撼的原创电影也需要承受失败带来的心理痛苦。而且，试图逃避学习过程中遭遇失败的痛苦，将极大地加重痛苦。卡特穆尔说："一旦采取了试图通过全面且深入思考来避免失败的策略，你注定会失败，对于领导者来说尤其如此。"[13]

当然，失败的代价很高。皮克斯战略性地让失败发生在早期。例如，让导演花费数年时间进行开发，这期间会发生工资支出，但能够限制制作成本超额。你怎么知道今天的失败哪天会产生后续的价值呢？什么时候收手止损更好？按照卡特穆尔的说法，当一个项目进展不顺利时，皮克斯解雇导演的唯一依据是看这位导演是否明显地对自己的团队失去了信心，或在智囊团会议上收到了建设性反馈，却在很长一段时间内拒不执行。就这样，皮克斯试着将卡特穆尔所谓的"将失败与恐惧拆分开来"[14]建立成一种制度，也就是营造一种心理安全水平较高的企业环境，"让员工们不因犯错而担惊受怕"。当然，并非只有皮克斯信奉坦诚和拥抱失败。事实上，任何成功的创造性工作或多或少地证明了这一点。全球最大对冲基金桥水联合基金（Bridgewater Associates）的创办人雷·达里奥（Ray Dalio）取得的巨大成功（同时也极具争议）也是一个例子。

绝对坦诚

1975 年，20 多岁的雷·达里奥在纽约市的两居室公寓里创立了桥水联合基金。从那时起，桥水联合基金不断发展，员工人数增至 1500 多人，持续获得高回报（甚至在 2008—2009 年金融危机期间，仍获得了高回报），并赢得了数十个行业奖项。达里奥曾荣登《福布斯》400 强榜单，入选《时代周刊》世界 100 位最具影响力人物。他将桥水的成功归因于"重视有意义的工作和有意义的人际关系"的公司文化，而这通过"极度求真，极度透明"来达成。[15]在 2011—2012 年，达里奥撰写了《原则》（Principles）（作为保存公司文化的一部分），以记录自己是如何开发出从想法到方法论到流程的求真求知全过程的。[16]现在《原则》已成为畅销书[17]，书中全面细致地介绍了心理安全如何成为促进学习、创新和成长的一种（但绝不仅此一种）方法。

达里奥坚持一项原则，即领导者必须"创造一种任何人有了批评意见，都有权利大声讲出来的环境"。[18]请注意，此处使用了"权利"一词。这里的框架是符合道德的。在桥水，只要有想法，必须说出来，不能保留不说。在达里奥看来，坦诚总是为事实服务的，无论事实多么令人痛苦，只有面对事实，你才能采取有效的行动，然后才会产生好的结果。例如，他指出，如果一个人得了绝症，无论多么害怕，最好还是知道真相，因为只有了解实情才能想清楚该怎么做。[19]在将保持沉默界定为不道德的选择这一点上，达里奥有着比我更加坚定的态度。但是，这个想法是值得反思的，在我看来，这意味着你是在让同事代为表达你的意见或想法；从某种意义上说，这些想法属于公司这个集体，而你无权"囤积"它们。

因此，桥水要求员工不断给出详细的坦诚反馈。每名员工都要填写"问题日志"，上面记录着个人的错误、优点和缺点；还有一个名为"止痛按钮"（Pain Button）的 App，上面记录着员工对具体批评意见的反应，以及他们为弥补弱点而做出的行为改变，以及这些改变是否有效。

透明信息库

在桥水，极度透明和极度坦诚同等重要。甚至严禁人们议论不在场的人，因为他们不在场，根本不知道别人讲了些什么。管理者也不允许在当事人不在场的情况下议论下属。用达里奥的话来说："在桥水，如果你在背后说别人闲话，你就是只令人厌恶的黄鼠狼。"[20]针对员工进行持续性评估的统计结果会被记录在"棒球卡"上，并面向公司的所有人公开，经理在决定员工薪酬、激励措施、晋升和解雇事项时会参考该卡。在桥水，包括达里奥在内，没有谁不是透明的。"透明信息库"存有每次高管会议的视频，如果员工想看看政策或计划的讨论过程，可以观看这些视频。

达里奥认为，错误和聪明的失败都是有必要的，是学习过程不可或缺的一环，这种观点与我们所了解的增长和创新发生的原因一致。他认为，"社会上的'犯错恐惧症'会带来严重后果"[21]，因为从小学开始，我们就被教导要寻找正确的答案，而不是学习从错误中学习，将之作为创新思考和独立思考的途径。他曾说，他"发现，人人都会犯错，都有弱点，大家的最大差异在于处理问题的方式"。因此，在桥水，"允许犯错，但一定要能够发现并分析错误，然后从中学习"。[22]

建设性冲突

达里奥在《原则》中强调，坦诚、透明和从错误中学习（心理安全的三个体现），是他个人生活和整个公司运营的"脚手架"。在原则列表中，我们还可以加上冲突解决，因为解决冲突是创新和良好决策的一个重要因素，也是心理安全绝对需要的。在桥水文化中，发生冲突，是为了"寻求真相，找到解决方案"。[23]它需要根据任务进行交流沟通来决定执行人和各自的分工，交流另类观点以及消除分歧或误解。因为认识到人类往往会本能地将冲突视为一场较量，达里奥提出一些建议，例如"不要想着在争论中'获胜'。找出自己的错误往往比证明自己是对的更有价值，因为你在学习"。[24]重要的是，要懂得什么时候摆脱分歧，继续前行，不要花太多时间在细枝末节上。他承认，桥水经常会出现"开放式分歧"，自然，人们有时会发脾气。（桥水的新员工流失率很高，这种文化并不适合所有人，这并不奇怪。）他建议，在人们变得情绪激动、难以应付时，管理者应该"增强沟通的逻辑性"，最好的做法是"在倾听对方观点时，保持冷静进行分析"。[25]

达里奥将沟通分为辩论、讨论和传授三类，并建议管理者明确地衡量一下哪种对话方式最适合眼前的问题。在达里奥看来，讨论是组织中经验和职权各不相同的人对各种想法和可能性进行的探讨。在讨论中，鼓励每个人提出问题、意见和建议。任何观点都受欢迎并会被加以考虑。辩论发生在"理解能力相当的人"之间，而传授发生在"不同理解水平"的人之间。在一个无畏的组织中，辩论、讨论和传授这三种对话方式之间的界限通常不是固定不变的——交流时可能会综合所有这三种会话方式——它们为如何在心理安全的环境中进行交流提供了思考和组织的有用方法。

在这里我们可以看到，在无畏的组织中，明确的层级结构和心理安全并不会产生互斥。虽然桥水显然是一种人们必须习惯于经常开诚布公的环境，但这在基于个人过去业绩表现的层级架构里也是可行的。然而，决策并非需要达成共识。与皮克斯的智囊团会议一样，自由辩论的目的是为负责的决策者提供其他观点，帮助他们争取获得最佳结果。在一种可能会倾向固执己见、自信心爆棚这类个性的文化中，达里奥警告人们不要狂妄自大。他说："问问自己，是否赢得了发表观点的权利。"[26] 只有取得成功的过往业绩，并履行值得信赖的职责，才能赢得这种权利。达里奥把这比作在陡坡滑雪；如果你不能成功地完成这样的壮举，就不应该告诉他人要怎么做。[27] 对他们而言，管理人员必须区分最靠谱的观点（这类观点是根据一个人的经验给出的）和只是猜测的观点。

作为一位领导者，达里奥已经走到了他的职业巅峰，他已经度过了过分自信的险境，同时把他最宝贵的人生信条"真正的'知'在于如何应对'不知'"谨记于心。[28]他觉得自己之所以能够取得成功，部分原因在于发现并坚持了这一原则，因为有了这种能力，他才能够提出问题、征求意见并找到难题的最佳答案。出乎意料的是，这位咄咄逼人的金融家与说话温和的女性时装设计师艾琳·费雪（Eileen Fisher）都信奉"我不知道"，而后者与达里奥几乎没有相似之处。

做一个不知者

艾琳·费雪在 1984 年创立了自己的服装品牌，现在已颇有名气，是自称为"不知者"的领导人之一。[29]当年她 34 岁，那时她还不知道怎么做针线，对时装或业务也知之甚少。如今，作为领导者，费雪成了善于示弱和谦卑的榜样，毋庸置疑，这对在工作场所中构建心理安全空间是有帮助的，我们也将在第 7 章对此进行深入探讨。费雪坦诚地谈到自己的挣扎和恐惧。她年轻时非常腼腆，因为害怕被拒绝，她不敢拿着第一批服装设计进入 Bloomingdales 百货商店。她曾在日本担任平面设计师，和服激发了她的灵感；后来，她租到了精品时装秀（Boutique Show）（一种手工艺品博览会）上一位朋友的摊位，还有另一位朋友向她传授缝纫技术，就这样，费雪创立了自己的公司。她第一次做出了四件衣服的设计图，然后又做出了八件衣服的设计图，用于在租来的摊位上展览。在参加的第一次博览会上，她拿到了 3000 美元的订单；第二次博览会上，她很惊讶地发现，顾客们排队下订单，订单总额达到 4 万美元。[30]

如今，Eileen Fisher 旗下经营着近 70 家零售门店；2016年，公司销售额达到 4 亿至 5 亿美元。[31]它是多家服装零售商的供应商，一直被认为是最适合工作的公司之一。与第 3 章中面临巨大失败的企业不同，这家公司实现了持续增长，后来进行了考虑周全并行之有效的变革，因而在财务、法律或安全方面均未遭遇过失败。

它的管理方法和治理结构正是心理安全的一种展示。

谦逊聆听

费雪说自己天生就是一个倾听者，所以，能够将"我不知道"转化成一种很好的特质。公司刚成立时，她发现这两种特质结合起来就是一项优势。她说："在你不了解情况之时，如果能够真正地认真倾听，人们会希望为你提供帮助，因为他们想要分享。"[32]显然，即使已经成为一位经验丰富的领导者，经营着时尚界一个经受住考验的品牌，她仍会说"我不知道"，成功地保持着原来的勇于示弱和自我接纳。正如费雪所说，"不知道"管理法能够产生一种结果，"人们可以放心地探索自己的想法，不会觉得自己只需要按照你的指示去做就可以了"。[33]

艾琳·费雪服装的风格是轮廓简洁、设计流畅。公司开会的方式也是一样的。人们坐成一圈，这样做是为了淡化层级结构，鼓励所谓的"人人都是领导者"。[34]为了激发正念和专注，帮助营造一种每个人通力协作并积极贡献的环境，会议开始前，全体静默一分钟。有时，会玩传递物件（比如葫芦）游戏，即物件停在谁的手中，谁就可以发言。[35]重要的是，像本章中讨论的其他领导人一样，费雪也已经将有助于构建心理安全空间的非常具体的过程形成了制度。

费雪很清楚不能放心地说出来是一种什么样的感觉。在学生时代，她觉得说话就要冒着遭受批评、羞辱和尴尬的风险，所以，她觉得"保持沉默比弄明白自己的想法和自己想说的话更安全"。[36]也许，这正解释了她为什么会这般有意识地且非常注意营造一种让员工可以放心地说出自己想法的氛围。费雪还说："我的本意是提出问题，让有想法的人都能参与对话，让每个人都有发言权。集体行动和协作过程会产生很大的能量，这种能量是创造力和创新的源泉。"[37]有趣的是，作为服装设计师，费雪寻找的不是"正确答案"，而是能够促成集体行动和创造性能量的多种意见。她将成功界定为一种能量，而不是直接的结果。

许可关怀

当描述公司内部的项目和计划是如何产生之时，费雪强调要鼓励员工充满激情并给予他们"关怀的许可"。[38]例如，助理艾米·霍尔（Amy Hall）一直坚信公司运营工厂和善待工人的理念，后来得以升任社会意识总监，成为参与制定全球范围内工厂运营标准的一员。2013 年，在一次为期 4 天的公司可持续发展会议上，员工们承诺到 2020 年只制作环保服装。这个想法最初不是费雪提出的，但她想给予支持，并意识到简单地说一句"可以"的重要性。虽然她从不自称 CEO，但她意识到，"说'可以'就是允许推进"。[39]

与公司一样，艾琳·费雪必须改变和成长。费雪拒绝了申请上市的提议，也拒绝了将公司卖给规模更大的女装公司 Liz Claiborne 的提议，她觉得对方对自己公司的服装和愿景没有足够的热情。2005 年，费雪反而决定将公司的部分所有权转让给员工。2009 年，为了吸引除与费雪一起成长的忠实客户群之外的年轻女性，该品牌的营销方式和产品线都做出了重大调整。最近，费雪将赋予妇女和女孩权力作为公司使命的一部分，为此，她建立了 Eileen Fisher 领袖学院。该公司还向女企业家和非营利组织提供捐款，以促进妇女和女孩的领导地位。[40]

事实证明，费雪其实什么都知道。正如她所说，"久而久之，我意识到，我实际上有很多话要说，尤其是针对可持续发展和商业运动等话题。我的意见很重要"。[41]费雪本人可能是最后一个明白自己意见重要性的人。在谈到给店铺供货的季节性产品线时，Macy's North 总裁弗兰克·加泽塔（Frank Gazetta）说："总是会想到艾琳的意见。"[42]

最终，因为愿意冒险也愿意面对失败，艾琳的意见在时尚界广为人知。在任何创意产业中，失败都是无法避免的。大多数设计思想永远都无法实现。同样，在取得成功之前，大多数电影镜头会被删剪，很多财务投资会失败。确实，全球领先公司中越来越多的人信奉"适当失败，快一点成功"的观念。尽管从失败中学习的想法简单易懂，也合乎逻辑，但事实是，没有人真的希望失败。

失败的意义

在帕罗有一支聪明进取的团队，他们花了整整两年时间来做一个创新项目，目标是开发一种从海水中提炼平价燃料的方法。你可能会认为，这样的目标不可能实现。但是，这些科学家们已经找出了必要的技术，在量很小的情况下是可行的。这项工作被称为"Foghorn 项目"，它面对的挑战在于评估该过程是否可以大规模的商业化应用。然而，经过两年的艰苦努力，该团队无奈地承认，无法将生产成本降低到足以生产出具有价格优势的燃料的水平，尤其是自那时以来，石油价格已经下跌。他们决定终止该项目。

这个团队被解雇了吗？这让人感到丢脸吗？团队成员是不是好几个星期都垂头丧气的？事实远非如此。公司给 Foghorn 项目团队的每名成员发放了奖金。[43]

让员工可以放心地失败

这家公司就是 Google X，它是由 Google 母公司 Alphabet 经营的独立实体，是一个发明和创新实验室。Google X 的使命就是推出"登月"技术，让世界更美好。[44]X 的目标很明确，就是针对重大问题取得重大突破，开发能够改变世界的根本解决方案并投入商业化应用，取得重大突破，力争打造成第二个 Google。[45]聪明的失败对于 X 的成功是不可或缺的，因此，我们可以了解很多有关它得以奏效的驱动因素，以及领导者鼓励组织内部接受失败的思维方式。

奖励失败的理念似乎是一种有问题的激励机制，但如果我们考虑得更深入些，就会发现它的商业逻辑，尤其是对于追求宏伟而大胆的创意的研究组织而言。X 的 CEO（确切地说是"登月队长"）阿斯特罗·泰勒（Astro Teller）认为，奖励被砍掉的没有前景的项目的员工是一种优越的经济策略，总好过在不可行的想法上煎熬多年，耗费资源，最终却只能以失败告终。[46]换句话说，在成功之前，经历多次失败的尝试是无法避免的。X每年要考虑上百个"登月"想法，这些想法涉及清洁能源、可持续农业和人工智能等多个领域。但是，只会针对极少数想法建立项目，由专职员工来完成。[47]

泰勒在2016年的TED演讲中解释了X为何以及如何"让员工可以放心地失败"：

> 你不能对别人大喊大叫，逼迫他们快速失败。他们会抗拒、会担心。"如果我失败了，会发生什么？人们会嘲笑我吗？我会被开除吗？……"要想让人们敢于挑战那些重大的、有风险的工作——大胆的想法，并直面问题中最难的部分，唯一的办法就是尽可能地为他们减少中途的阻碍。在X公司，我们努力营造让员工可以放心地失败的环境。一旦证据确凿，团队就会扼杀他们的想法，他们也会因此得到奖励。他们会得到同事的掌声，会得到主管，尤其是我的拥抱和击掌。他们会因此获得晋升。我们对终止项目的团队中的每个人都会进行嘉奖，无论团队里是2个人，还是超过30个人。[48]

泰勒强调，失败会让人感到难过，尤其是在工作中。担心其他人会怎么想，担心自己失去工作，都是再自然不过的事儿了。因此，除非领导者明确并积极地营造一种允许失败的心理安全环境，否则人们就会想着避免失败。

快速评估

建立应对失败的具体流程，与营造一种允许聪明的失败的心理安全环境同样重要。泰勒和 X 通过严格的实验过程来完成任务。就像科学家努力寻找能够排除假设的证据一样，X 也在努力寻找证据，证明最乐观、最理想化的想法行不通，这样它就可以尽早放弃这样的想法，转向其他想法。[49] 项目提议可能来自公司内部或外部的任何人。为了确保付诸实施的仅是最有希望的想法，X 成立了"快速评估"小组，该小组的任务就是评估建议，审查想法，只推行那些切实可行的想法。该小组由高级经理和发明人组成，首先进行预先检验，并找出尽可能多的理由，说明一个想法可能会失败。[50] 被称为"Rapid Eval"的小组，对问题的规模、可行性和技术风险进行评估。在整个迭代阶段，通过坦诚沟通对问题提出质疑，然后进行修改和完善。这与皮克斯的智囊团会议没什么两样。

只有极少数的想法能够通过快速评估阶段的检验。[51] 如果快速评估小组认定一个想法很有希望，那么负责团队必须在几天之内开发出一个粗略的原型。X 在一栋办公楼中设有"设计厨房"，其中配备了用于制造实体原型的各种工具和材料。[52] 如果快速评估小组对原型表示信服，它会将这个想法提交给另一个名为"Foundry"的业务小组，该小组会提出多个问题，"这种解决方案应该存在吗""建议的解决方案是否有商业案例""如果我们能够制作出来，人们真的会使用它吗"。

X还用别的方法来庆祝聪明的失败。没有通过Foundry阶段筛选而被放弃的原型陈列在帕罗奥多办事处。[53]自2016年11月以来，X每年举办一次庆祝活动，让大家分享一些失败项目的情况（聊聊失败的人际关系和个人惨况也是可以的）。他们将失败的原型放在一个小祭坛上，然后说上几句这个项目对自己的意义。员工们认为，当投入精力做一件事，最终却没能成功时，总会背负上情感包袱，而这种仪式能够帮助自己卸下包袱。[54]

无法接受失败才是真正的失败

对于X，失败不是禁忌。实际上，正如泰勒在2014年接受BBC新闻采访时所说的那样："真正的失败就是尝试做一件事情，后来发现它行不通，却还是要坚持做下去。"[55]真正的失败是指不学习或不敢冒险而遭遇彻底的失败。泰勒和X都非常支持接受失败，所以，他们根本不谈项目的成功，却总是说"没有失败"。[56]成功的失败是一门艺术。如果你能在合适的时间，出于合理的原因遭遇失败，这会有所帮助。在第7章中，我们将介绍一些组织利用失败并将失败制度化的其他方式。

关爱员工

心理安全的力量并不局限于电影、时装和尖端技术等创意产业。全球设备和工程公司百威勒（Barry-Wehmiller）证明，心理安全也能够为制造行业带来巨大的回报，既实现了经济效益，又促进了个人发展。[57]

百威勒是一家酿酒行业机械制造商，于 19 世纪 80 年代中期在圣路易斯成立，至今已发展成为一家市值 30 亿美元的公司，拥有员工 1.2 万人，分布在 28 个国家 100 多个地区。[58]2015 年，CEO 鲍勃·查普曼（Bob Chapman）和拉杰·西索迪亚（Raj Sisodia）共同撰写并发表了"人人重要：像对待家人一样对待你的员工的卓越力量"（暂拟名）这本书，书名简明扼要地说明了该公司"通过我们触达员工生命来衡量成功"的使命。事实证明，关爱员工——也就是百威勒所说的"团队成员"——切实可行地提升员工幸福指数，是创建一个提升学习与成长的心理安全工作空间的最佳办法。

2007—2009 年的大萧条为百威勒提供了一个好机会，让它可以兑现像关爱家人一样关爱员工的诺言。在新设备订单锐减、裁员似乎不可避免之时，查普曼发起了共患难计划。在一个充满爱心的家庭中，"所有家庭成员都要承担一份责任，不让任何人遭受重大损失"[59]，正是因为遵循这样的原则，最终没有一名员工被裁。所有员工，不管处于什么职位，都选择了长达四个星期的强制性无薪休假。通过共患难削减成本在其他方面也有体现。查普曼将自己的薪水降至 10500 美元，暂停高管红利发放和退休账户缴款，并减少差旅费用。结果如何？工会对这项计划予以支持。团队成员发起了一个互帮互助的"集市"：那些财务状况较好、可以休假一个月以上的人自愿与那些财务状况不好的人进行交换。百威勒比较轻松地从经济低迷中恢复了过来，到 2010 年，其财务业绩创历史新高。换言之，通过在危机中持续让团队成员感受到安全和来自公司的关爱，百威勒最终为每个人创造了一个双赢的局面。

百威勒开发了一种严格的方法，详细并系统地记录了他的价值观和产生过程，也附带着创造了心理安全空间。这可能得益于该公司自 20 世纪 80 年代中期以来开始蓬勃发展，收购了多家业绩不佳的公司，并让这些公司开始扭亏为盈，其中大多数是向包装或造纸等行业提供设备和服务的公司。每笔收购交易（到编写本书时为止，已完成 100 多次收购）都是百威勒阐明并拓展公司文化和愿景的又一次机会。[60]

公司内部文件"领导指导原则"（Guiding Principles of Leadership）是根据员工的意见制定的，主要目的是营造一种充满信任、有意义且令人自豪的环境，赞美并充分发挥每个人的优点。[61]文件初稿出炉后不久，查普曼来到各个部门，与多个小组坐在一起交谈，聆听他们对该文件的看法。他发现，信任——员工感受到管理层的信任——是关键，而考勤机、休息铃、上锁的物品库都会妨碍这种信任。查普曼当即表示，那些"破坏信任和贬低人格的行为"[62]对负责可靠的成年人来说并不妥当，必须予以根除。从那时起，他们所说的倾听环节便形成了制度，在会议上团队成员必须说出自己的想法。

百威勒大学成立于 2008 年，旨在传授公司独特的领导方式和愿景。讲师大多是从组织内部招募并经过培训，他们被鼓励传授见解而不是信息，并利用讲故事的方式来分享经验和情感。查普曼说，公司的做法是"善待员工，合理补偿"[63]。例如，当公司施行了涵盖员工健康状况和生活习惯检查的医疗保健政策，使百威勒的医疗保健成本降低了 5%时，团队成员被允许免缴一个月的保费。

鉴于他们的大部分职责都涉及与装配工厂密切相关的重复性和烦琐的工作，且流程比较复杂——欲了解更多有关不同类型的工作对心理安全和学习行为的影响，请看第 7 章——流程得到改进与否（流程无法继续）对业绩表现具有很大的影响。没有人愿意实施那些会加大工作难度、引发员工不满的工作现场流程改变，但是从高层传来的备忘录中常常包含这样的内容。让工作的实际执行者来设计或重新设计流程才更为合理。在无畏的组织中，人们会积极寻求改进的建议（Kaizen，日语）并适时的实施。

主动征求意见

鲍勃·查普曼讲述了在威斯康星州格林湾开设一家机械厂的事例。十个大区总裁花了一周时间来探讨如何改进受理、完成客户备件订单并发送给客户的流程。分析结束并生成报告后，才意识到根本行不通。领导团队再次开会，又花了一周时间来分析和规划，这次还研究了如何布置生产车间。但是，没人有足够的信心来推进。最后，召开了第三次改进会议，这次参会人员有两位高层领导和十名实际负责这项工作的执行者，包括叉车司机、装配工、拣料工、包装工和文书。至此，前面的方向豁然开朗。用查普曼的话来说：

> 他们（工人）将纸板剪切块放到工厂的地板上，并估计让不同的手推车和叉车通过需要些什么。他们可以看到不同的间隙问题，也意识到工作经常要从一个区域转到另一个区域。零件越轻，越容易搬运到更远的距离。他们分析了这项操作需要哪些步骤，以及在一个区域内使用叉车的安全性如何，或者是否可以采用更安全的布局让叉车可

以绕到外面来。[64]

　　这个典型的例子正说明了需要向人们征求意见且这样做是有好处的。开放在线门户网站来让员工提出建议，远不如（比如）让负责的各方参加会议来得更好。用达里奥的话来说，是叉车操作员自己赢得了"发表观点的权利"，他们能够判断间隙是否足以让叉车通过某一区域。将百威勒的做法与第 2 章中所提及的那个有改进想法且没有充分理由隐瞒不说的工厂制造技师进行对比，如果他在会议桌上能有一席之地，那么管理层很可能会从他的想法中获益。

　　查普曼说，五年过去了，由组装工人设计的解决方案还在使用。他说，他们"能够分享改善流程的意见，构建一个有意义、持续且更人性化的流程，让组织中的每个人都能由此受益"。[65]有一点非常重要，那就是要创建一个人人参与的无畏组织，要花费多少力气。最高管理层不得不花费大量时间，并且意识到自己的想法不总是成功。工厂工人必须明确参与流程设计过程。我并不是暗示在无畏的组织中工作需要付出更多的努力或是一项非常艰巨的任务。并非如此。但最初，人们并没有意识到改变带来的深深的恐惧以及固有的思维模式有多深入骨髓。百威勒的领导者是（我将此称为"邀请参与"，将在第 7 章进行探讨）构建心理安全空间的出色践行者。

从心理安全的工作环境中吸取经验

从表面上看，百威勒、Google X、依琳·费雪、桥水和皮克斯几乎没有共同之处。然而，他们都成功构建了以较高水平的坦诚、敬业度、协作和冒险精神为特征的工作环境，这几项要素对成功企业的创立有着很大帮助——发挥的作用也各不相同。第 6 章将重点介绍一些不寻常的组织和领导人，但这一次将侧重在为提升或改善人员健康、尊严或安全的。

第 5 章重要结论

●具有绝对坦诚文化的工作场所将使创造力、学习和创新获益无穷。

●愿意说"我不知道"的领导者发挥着极其强大的作用，他们可以让员工全心全意地投入工作。

●构建一种重视员工的环境，可提高敬业度、问题解决能力和业绩表现。

注释

1. Franklin Delano Roosevelt. Presidential Inaugural Address. *History*. March 4, 1933. https//www. history. com/speeches/franklin – droosevelts – first – inaugural–addressAccessed June 7, 2018.

2. "Our Story." Pixar Animation Studios, https//www.pixar.com/ourstory–1 #our–storyAccessed June 7, 2018.

3. Catmull, E. & Wallace, A. *Creativity, Inc. Overcoming the Unseen Forces That Stand in the Way of True Inspiration.* New York Random House, Print.

4. Catmull, E. & Wallace, A. 2013 90.

5. Catmull, E. & Wallace, A. 2013 95.

6. Catmull, E. & Wallace, A. 2013 105.

7. Barnes, B. "John Lasseter, a Pixar Founder, Takes Leave After 'Missteps.'" *The New York Times*, January 20, 2018. https//www. nytimes. com/2017/11/21/business/media/john−lasseter−pixar−disney−leave. htmlAccessed July 25, 2018.

8. Finkel, J. "Tales From the Crit For Art Students, May Is the Cruelest Month." *The New York Times.* April 30, 2006. https//www. nytimes*The Fearless Workplace*125. com/2006/04/30/arts/design/tales−from−the−crit−for−art−studentsmay−is−the−cruelest−month. htmlAccessed June 13, 2018.

9. For more on art crits, seehttp//bushwickartcritgroup.com/.

10. Catmull, E. & Wallace, A. 2013. 109.

11. Catmull, E. & Wallace, A. 2013 111.

12. Catmull, E. & Wallace, A. 2013 108−109.

13. Catmull, E. & Wallace, A. 2013 109.

14. Catmull, E. & Wallace, A. 2013 123.

15. Dalio, R. "How to Build a Company Where the Best Ideas Win." *TED.* 2017. https//www.ted.com/talks/ray_dalio_how_to_build_a_company_where_the _best_ideas_winAccessed June 12, 2018.

16. Dalio, R. "Principles." Ray Dalio. 2011. https//docs.google.com/viewera = v&pid = sites&srcid = ZGVmYXVsdGRvbWFpbnxlYm9va3NkdubG9hZG5vd zIwMTZ8Z3g6MjY3NGU2Njk5N2QxNjViViMg Accessed June 13, 2018.

17. Dalio, R. *Principles, Vol. 1 Life & Work.* New York Simon & Schuster, 2017. Print.

18. Dalio, R. 2011 88.

19. *Ibid.*

20. Dalio, R. 2011 89.

21. Dalio, R. 2011 17.

22. Dalio, R. 2011 88.

23. Dalio, R. 2011 19.

24. Dalio, R. 2011 96.

25. Dalio, R. 2011 105.

26. Dalio, R. 2011 102.

27. Dalio, R. 2011 190.

28. Dalio, R. 2011 189.

29. Tenney, M. "Be a Don't Knower One of Eileen Fisher's Secrets to Success." *The Huffington Post*. May 15, 2015. https//www. huffingtonpost. com/matt–tenney/be – a – dont – knower – one – of – e _ b _ 7242468. htmlAccessed June 12, 2018.

30. Malcolm, J. "Nobody's Looking At You Eileen Fisher and the art of understatement." *The New Yorker*. September 23, 2013. https//www. newyorker. com/magazine/2013/09/23/nobodys–looking-atyou Accessed June 12, 2018.

31. Fernandez, C. "Eileen Fisher Makes Strides Towards Circularity With 'Tiny Factory.'" *The Business of Fashion*. December 6, 2017. https//www.businessoffashion.com/articles/intelligence/eileenfisher–makes–strides–towards–circularity–with–tiny–factoryAccessed June 8, 2018. 126 Psychological Safety at Work.

32. Tenney, M. May 15, 2015, op cit.

33. *Ibid*.

34. According to Janet Malcolm, Fisher subscribes to the philosophy articulated in a 2010 book called *The Circle Way A Leader in Every Chair* by Ann Linnea and Christina Baldwin (published by Barret–Koehler) which posits circle leadership as both a paradigm shift for group collaboration and a practice that draws upon the circle "lineage" derived from cultures, such as Native American and Aboriginal.

35. Malcolm, J. September 23, 2013, op cit.

36. *Ibid*.

37. Dunbar, M. F. " Designer Eileen Fisher on how Finding Purpose Changed Her Company. *Conscious Company Media*. July 4, 2015. https//consciouscompanymedia.com/sustainable – business/designereileen – fisher – on – how – finding–purpose–changed–her–company/Accessed June 8, 2018.

38. *Ibid*.

39. *Ibid*.

40. "Business as a Movement." Eileen Fisher. https//www. eileenfisher. com/business − as − a − movement/business − as − a − movementAccessed June 8, 2018.

41. "Eileen Fisher, No Excuses." *A Green Beauty*. December 7, 2016. https//agreenbeauty. com/fashion/eileen − fisher − no − excusesAccessed June 8, 2018.

42. Beckett, W. "Eileen Fisher A Pocket of Prosperity." *Women's Wear Daily*. October 17, 2007.

43. Thompson, D. "Google X and the Science of Radical Creativity." *The Atlantic*. November 2017. https//www. theatlantic. com/magazine/archive/2017/11/x−google−moonshot−factory/540648/Accessed June 8, 2018.

44. "What We Do." X. https//x.company/about/ Accessed June 8, 2018.

45. Thompson, D. November, 2017, op cit.

46. *Ibid*.

47. *Ibid*.

48. Teller, A. "The Unexpected Benefit of Celebrating Failure." *TED*. 2016. https//www.ted. com/talks/astro_teller_the_unexpected_benefit_of_celebrating_failureAccessed June 8, 2018.

49. "Celebrating Failure Fuels Moonshots." *Stanford ECorner*, April 20, 2016. https//ecorner. stanford. edu/podcast/celebrating − failure − fuelsmoonshots/Accessed June 8, 2018.

50. Thompson, D. November 2017, op cit. *The Fearless Workplace* 127.

51. Gertner, J. "The Truth About Google X An Exclusive Look Behind The Secretive Lab's Closed Doors." *Fast Company*. April 15, 2014. https//www.fastcompany.com/3028156/the−google−x−factor Accessed June 13, 2018.

52. *Ibid*.

53. Thompson, D. November 2017, op cit.

54. *Ibid*.

55. Wakefield, D. "Google boss on why it is OK to fail." *BBC News*. Feb-

ruary 16, 2016. http//www.bbc.com/news/technology−35589220Accessed June 14, 2018.

56. Dougherty, C. "They Promised Us Jet Packs. They Promised the Bosses Profit." *The New York Times*. July 23, 2016. https//www.nytimes.com/2016/07/24/technology/they−promised−us−jet−packsthey−promised−the−bosses−profit.htmlAccessed June 14, 2018.

57. Information on Bob Chapman and Barry−Wehmiller comes from Chapman's book *Everybody Matters* and a case study conducted by my HBS colleague Jan Rivkin.

· Chapman, B. & Sisodia, R. *Everybody Matters The Extraordinary Power of Caring for Your People Like Family*. US Penguin−Random House, 2015. Print.

· Minor, D. & Rivkin, J. Truly Human Leadership at Barry−Wehmiller. Case Study. HBS No. 717−420. Boston, MA Harvard Business School Publishing, 2016.

58. "Surpassing 100 acquisitions, Barry−Wehmiller looks to the future." Barry−Wehmiller. February 6, 2016. https//www.barrywehmiller.com/docs/default−source/pressroom−library/pr_bw_100acquisitions_020618_final.pdfsfvrsn=2Accessed June 8, 2018.

59. Chapman, B. & Sisodia, R. 2015 101.

60. "Surpassing 100 acquisitions, Barry−Wehmiller looks to the future." February 6, 2016, op cit.

61. Chapman, B. & Sisodia, R. 2015 53.

62. Chapman, B. & Sisodia, R. 2015 59.

63. Chapman, B. & Sisodia, R. 2015 53.

64. Chapman, B. & Sisodia, R. 2015 170.

65. *Ibid*.

第6章　安全无忧

> 人不应当害怕死亡，他所应害
> 怕的是未曾真正地活过。
>
> ——马可·奥勒留[1]

"鸟！"机长切斯利·萨利·萨伦伯格三世（Chesley Sully Sullenberger Ⅲ）说。

"哇哦！"副机长杰弗瑞·斯基尔斯（Jeffrey Skiles）说。

2009年1月的一天，气温很低，但天气晴朗。在曼哈顿离地面近3000英尺的高空中，两位飞行员并排坐着，都知道"鸟"——这个看似很简单的字——可能会带来灾难。57岁的萨伦伯格和49岁的斯基尔斯几小时前第一次见面。两位飞行员经验丰富，精通驾驶舱通信中的言语交流。[2]几秒钟内，他们眼看着一群加拿大黑雁撞上了挡风玻璃，听到大鸟被吸入空客引擎之时发出的巨响，然后闻到羽毛和肉烧焦的味道。能否挽救150名乘客和5名机组人员（包括他们两人），全看这两位飞行员、机组人员和空管员如何应对接下来的三分钟。哈德逊

169

河上这次奇迹般的零伤亡迫降，得益于航空培训、航行技巧和老生常谈的运气，以及今天的知识型工作者必须具备的额外的、无形的个人能力，即无畏沟通的团队合作能力。无畏沟通是（通常是快速地）做出复杂决策——无先例可循且可能造成严重后果——的一项重要投入。

说出内心的话

即便是简短的语言交流也会因为缺乏心理安全而受挫，我们能举出很多这样的例子。护士不愿向医生讲出可能存在的程序错误，因为过去的交流让她觉得说出来会给医生带来困扰；参与项目的一个新工程师没有提出问题，因为她害怕自己被看成一个蠢人；而老板不听从员工的想法，因为他觉得这会显得自己无能。相比之下，发生在心理安全水平较高的情况下（尤其是在压力很大的情况下）的微妙交流，并随即产生好的结果，有关这方面的例子却少之又少。2009 年 1 月那天下午令人难挨的几分钟驾驶舱对话值得好好解析一番。这个小团队的主要参与者因为对彼此有着足够的安全感，最终都成了英雄。

1549 号航班从纽约市拉瓜迪亚机场起飞后约 90 秒，鸟群撞上了飞机。导致一个直接的问题：双引擎失灵。还有一个问题：双引擎失灵被归类为"非正常情况"，但向飞行员发出系统出现故障的警告并在监视器上显示处理故障指令的自动化系统并不包含双引擎失灵。[3] 总之，鸟类撞击飞机导致双引擎失灵极为罕见——几乎闻所未闻。根据航空公司的规定，机长需要"运用常识和良好的判断力，尤其是遇到没有明确的相关规定的情况下"。[4] 换言之，机长要靠自己。

萨伦伯格（或叫"萨利"，在好莱坞同名电影《萨利机长》中成了永远的英雄）曾做过副机长，很快，他接过了斯基尔斯的操控权。"我的飞机。"萨伦伯格的手放在控制台上，下了一个简短的命令。

尽管几乎是出于本能，但他的决定是经过合理判断的：萨利驾驶 A320 飞机的时间比斯基尔斯长得多。也许最重要的是，萨伦伯格从他所坐的位置可以透过左侧观察窗看到城市风光和乔治·华盛顿大桥，而斯基尔斯看不到。还有重要的一点：斯基尔斯作为飞行员，对紧急程序更为熟悉，因此可以更好地掌控降落设备。

"你的飞机。"斯基尔斯回答。

这就是他们全部的操作。两个人没有犹豫、恐惧、歉意或分歧。

一直以来，萨伦伯格对全美航空飞行员的驾驶舱资源管理（CRM）培训起着重要作用。[5] 他对这个项目尽心尽责、满怀热情。CRM 看重的是在压力下的人际交流、领导力和决策，萨利明白机组成员建言的必要性，没有哪位飞行员比他更了解这一点。他和斯基尔斯都认为他们是在心理安全的环境中工作。但是，当天那支表现极其出色的团队并不是只有这两位坐在驾驶舱的飞行员。

接下来，萨伦伯格向控制着大纽约地区航班起飞和抵达的长岛地面控制中心的空管员帕特里克·哈滕（Patrick Harten）报告，他们撞上了鸟群，准备返回拉瓜迪亚机场。"呼救，呼救，呼救。"萨伦伯格发出了遇难求救信号。哈滕采取了必要措施，其中包括致电拉瓜迪亚中控塔，告诉他们为紧急迫降做好准备。

处于学习区域中的虚拟团队

同时，斯基尔斯一直尝试着重启引擎，却无济于事，部分原因在于飞机的飞行速度不够快。

"我们做不到。"他告诉萨伦伯格飞机的速度达不到。萨伦伯格同意了，然后沉默。他脑子里正在思考是否有可能进入机场跑道或降落在下面的河上。尽管哈滕几次尝试从控制塔将空客引导至附近的机场，但萨伦伯格每次都回答他"办不到"。然后，他报告准备在哈德逊河上迫降，这样的选择风险最大，但对他来说，可行性也最大，还可以尽可能降低伤害到下方这个人口稠密城市中地面旁观者的概率。哈滕惊呆了，他认为迫降在水面上几乎肯定会导致飞行员死亡，于是请求萨伦伯格重复他要干什么。这既是一种条件反射，也是一个清醒的请求。在 1977 年特内里费空难中，荷兰皇家航空（KLM）机长误解了一名空管员下达的指令——空管员并未准予起飞——继续在大雾笼罩的跑道上加速滑行，结果与另一架飞机相撞。由此，我们可以看到，表达上哪怕有一丁点儿的不清晰，都可能导致数百例不必要的死亡。哈滕受过很好的训练。

很快——不到一分钟——驾驶舱要通知其他机组成员和乘客了。萨伦伯格再次以他认为最有可能取得良好效果的方式，小心谨慎地传达了这层意思。由于担心飞机可能会重重地撞到水面，他选择不告诉机组人员做好水面迫降准备——他知道，一旦告诉他们，他们会让乘客穿上救生衣，这会浪费宝贵的时间。相反，他播报说："这里是机长广播。请大家做好防撞击姿势。"然后，三名空乘按紧急迫降准则的规定，大声指导乘客低头，双手紧抱双腿。萨伦伯格将飞机操纵到理想的降落状态（即使不可避免地会发生猛烈撞击），斯基尔斯报出高度和速度。这次迫降堪称奇迹，没有一人丧生，只有一些乘客受了伤，且大多是轻伤。不久，附近的船只纷纷开往事发地点，救出了乘客，让他们免遭寒冷之苦。

善用时间

下面，我们来进一步了解一下简短精准的表达会取得什么效果。这显然是一个极端情况，但非常情况下，人与人之间的互动更能提供令人信服的证据，说明准确的表达和坦诚并不一定意味着会陷入无休止的讨论。心理安全并不意味着过多谈话和过度反应。心理安全的会议不必占用更长时间。相反，我研究了一些管理团队会议，在这些会议上，因为团队的心理安全水平较低，导致论点模棱两可，结果团队花费更长的时间在会议上，且感觉低效。更糟糕的是，由于明显的分歧没有讨论出什么结果，关键决策常常被推迟，所以讨论时间和总的决策时间（以月为单位）远远超过了所需时间。[6]

向其他行业学习

从这种极端情况以及许多正常的商务会话中，我们可以发现，只有心理安全与训练相结合，才能有效地获得最佳结果。哈滕只问了一些根本性的问题；而且，他在与其他空管员通话时保持电话线畅通，让萨伦伯格也能听到这些对话，这样哈滕就不必重复对话内容，节省了宝贵的时间。萨伦伯格后来这样描述哈滕，"通过他说的话，我就知道他明白我只能做这样艰难的选择，即使他试着指示我怎么做，也无济于事"。[7] 所以，有些话不必说出口。在许多关键时刻，萨伦伯格和斯基尔斯都默默地专注于各自的职责，同时又留意着对方表现出的可见的提示，通过密切合作完成工作。

1549 号航班的机组人员经验丰富，熟知航空设备标准协议和操作程序。同样重要的是，他们还接受过 TEM（威胁与差错管理）和 CRM（有时也称为机组资源管理）的培训。这两个项目教授的是思维和决策方式。CRM——旨在指导航空机组人员在感觉有问题时向机长反映情况，并引导机长倾听机组人员的担忧等技巧，特别适合构建心理安全空间。CRM 培训是现在所有飞行员的必修课，最初是为应对特内里费空难和其他类似悲剧性事故而提出的。例如 1982 年佛罗里达航空在波托马克河发生空难，当时，面对冻雨和除冰不完全的情况，副机长没有坚持要求机长返回；2013 年韩亚航空在旧金山机场降落时坠毁，当时，副机长不敢提醒机长低速降落有危险。[8]

效仿 CRM 的培训已传播到医疗行业，目的是通过增强沟通和团队合作来提高患者安全。[9] 一项研究表明，CRM 模式的沟通和团队合作培训在产房中更有利于母婴安全。该项目还提高了患者和员工满意度。[10]

由于应急规程在紧急响应中发挥着一定作用，很可能会使"哈德逊河上的奇迹"对于证明心理安全和团队合作行动的意义被低估。但是，无论是在民航业，还是其他具有严格标准规定的行业环境（例如手术室）中，我们常常会看到，规程确实存在，但并不能保证一定会使用。没有心理安全，在对人际风险进行微评估时，往往会将恰当的应对措施排除在外。我们根本没有认识到在自己本可以开口说话的时刻犹豫不决或保持沉默会产生什么影响。因此，心理安全可被视为有效使用应急规程的前提。但是，我们将在下面这个案例中看到，紧急情况并不是心理安全的工作环境可以促进人员健康和安全的唯一环境。

我为人人，人人为我

一家为全球 20 万患者提供肾脏透析服务的领先供应商与 19 世纪的历史小说有什么共同之处吗？[11] 答案：都有一位奔放不羁、挥舞刀剑，秉承着"我为人人，人人为我"座右铭的英雄。

在 DaVita 肾脏诊疗中心，那位剑客就是 CEO 兼董事长肯特·西里（Kent Thiry）。[12] 很多人知道，西里经常在台上又蹦又跳——在出席 DaVita 学院定期举办的为期两天的大会（DaVita 大学为新员工举办的一个基础研讨会）上，他身穿一整套剑客服装，站在数百名一线员工（患者护理技术人员、护士和社会工作者）面前挥舞长剑。西里对于角色和服装的与众不同的选择，经常与员工击掌并进行其他高强度的互动，似乎正反映出他能够悠然自得地完全融入工作场所，用这种方式暗示他人也可以这样做。该计划为参加者设计了多种团队建设和社交活动，包括歌曲、短剧、游戏、讲故事、茶点、音乐和舞蹈，目的在于向员工传达 DaVita 的公司文化。西里还主持了员工会议的问答环节，这时，他愿意示弱（例如，他常常承认自己不知道问题的答案）并开诚布公，允许直接提出有关工资和晋升的问题。"我为人人，人人为我"的口号传达了公司的核心价值观，即共同承担义务和责任的理念。DaVita 号召全体员工为公司贡献自己的最大力量；同样，公司负责帮助个人不断发展并取得成功。参加学院计划是自愿的，但是公司数据显示，参加该计划的人员的离职率约为 12%，而未参加的人员的离职率为 28%。[13]

1999 年，公司曾濒临破产，西里临危受命，他建立了一套价值观和公司文化体系，这两方面相结合，构建了高水平的心理安全空间，成功扭转乾坤。就像在第 5 章中讨论的 Barry-Wehmiller 的鲍勃·查普曼一样，西里认为，应该建立一个组织中各级别人员都有发言权并将他们当成领导者来培养的社区。为了赋予员工发言权，西里决定让他们参与制定核心价值列表，当时公司有 600 位临床管理者投票。上任后，西里想给公司改名（以前的名称为 "Total Renal Care"），他请队友（他将员工称为"队友"）投票，最后确定了新名称 DaVita。为了帮助一线员工做好履行队友责任的准备，并支持他们担任管理职务，DaVita 大学提供了多个以管理和团队技能为重点的领导力发展计划，以及质量改进计划。

西里称自己为 DaVita "村" 的 "村长"，并强调 "建立一家成功公司是建立健康社区的一种手段"。[14]为了支持健康社区的发展，他设立了 DaVita 村网络（DaVita Village Network）基金，用以帮助可能会产生意想不到的医疗费用或存在其他经济困难的队友。这是 "人人为我" 理念的一部分。公司把队友的捐款纳入该基金。即使大多数队友都是低技能的小时工，DaVita 仍提供了全面的健康和生活福利，包括医疗保健准备金、退休金、学费补助，最令人惊讶的是，还有股票期权和利润分摊。而这些激励措施能够支持西里对队友的要求，即他们来上班，"不仅要做好一天的工作，还要努力将 DaVita 打造成一个特别的地方"。[15]

对大多数患有终末期肾脏病的肾脏透析患者来说，他们尤其需要一个以 "人人为我" 为理念的医疗团队共同努力。患者通常每周到当地诊所接受三四次治疗，每次 "拴" 在透析机上约四个小时，而在剩下的时间里，他们所知道的很可能就是寿命在缩短。由于功能衰竭，他们的肾脏无法过滤血液，只能通过透析机将血液引出体外进行净化，在此过程中，他们必须忍受针刺的疼痛，只能静静地坐着。他们必须严格控制饮食，常常还要承受其他慢性疾病的痛苦，例如糖尿病和心脏病。

有些患者会因此抑郁甚至更糟，他们不再来诊所接受治疗从而很快死亡，这也就不足为奇了。每年有高达 25% 的透析患者死亡，从情感上来说，护理这类患者并非易事。面对这种士气低落的情况，DaVita 学院研讨会上的乐观的基调更有意义了。

最重要的是，DaVita 在行业内始终能够提供最佳的临床结果。这是因为，在大多数患者接受治疗的透析门诊，员工能够提供优质的护理服务，而良好的临床效果在很大程度上正得益于此。技术人员的工作表面上看很务实——给患者接上、拆下设备并监控正在进行的治疗过程，但很大程度上还取决于技术人员与患者和其他护理人员建立的关系。与诊所员工相处融洽并信任他们（心理安全）的患者更有可能配合严格的治疗方案。为了鼓励这些积极的情感，DaVita 中心经常挂着患者及其家人的照片，以及患者、他们的孩子和孙子画的画。正如一名DaVita 管理人员所说："重要的是，队友喜欢他们的工作，保持微笑，并以富有同情心的方式与患者建立联系，这样，患者在这里的感觉会好一些。"[16] 也就是说，诊所员工如果感受到较高水平的心理安全，便能够帮助患者并与他们建立关系，这有助于取得积极的临床效果。

我们在其他医疗机构中也看到，开诚布公，对跨界沟通感受到充分的心理安全，还有已确立的医疗层级制度，都有助于取得积极的临床效果。2017 年，DaVita 参加了由美国医疗保险和医疗补助服务中心（CMS）开展的试点计划，并取得了成功，这项计划旨在建立透析患者综合护理服务——具体就是护士、社会工作者和技术人员就患者的个人情况与肾脏病学专家定期进行沟通。医疗总监罗伊·马库斯（Roy Marcus）是参与这项计划的一位肾脏病学专家，他说："DaVita 的综合护理团队会定期与肾脏病学专家进行沟通，以更好地解决超出透析范围的护理差距。这种频繁的沟通意味着我有时间，也掌握了所需的细节，从而能为患者提供更好、更全面的护理。"[17]

肾脏透析治疗特别适合遵循医疗改进中心提出的医疗保健三重目标：改善患者体验，改善人群健康状况，降低每位患者的费用。[18]与其他行业一样，医疗行业做出巨大的系统性改变在很大程度上取决于心理安全空间的构建，只有这样才能让员工坦承自己的担忧和改进想法，并进行小规模试验找出最有效的方案。

为员工的安全感发声

现在，你很清楚，坦承内心真实的想法，说起来容易做起来难。没有一种这样的开关，只须轻轻一按，便可立即让习惯沉默和恐惧的组织切换为人们坦率直言的组织。而且，构建心理安全的工作场所还须投入大量精力来转变体系、结构和流程，对此我们将在第 7 章进行深入探讨。最终，它还意味着必须改变根深蒂固的组织规范和态度，首先要从我所称的"创造条件"开始。下面，我们来看看全球规模最大的矿业集团之一，总部位于南非的英美资源集团（Anglo American）为畅所欲言做了哪些准备，又是如何将此形成了制度。

2007 年，辛西娅·卡罗尔（Cynthia Carroll）被任命为这家国际矿业公司的第一位女性 CEO，引发了热议。在她上任前的五年里，这家公司的员工死亡人数几近 200 人，对这一数字她感到大为震惊。[19]卡罗尔是一个美国人，一个身在异国的外部人员，还是一位女性，而"在南非，直到最近，也不允许女性下矿井，更不用说工作了"。[20]卡罗尔意识到，自己"正面临着一个前所未有的机遇，可以发挥影响，做出改变"，于是，她立即利用自己的职位发声并要求采取零死亡或零重伤的政策。

起初，公司的其他人，特别是那些认为自己是维护传统的保守派人员，根本不把卡罗尔当回事。但至少有一名高管回答说，"我们有生之年是看不到"零伤害了。[21]同样，卡罗尔探访各个矿山时，当地经理试图让她明白，虽然安全很重要，但她的要求根本不现实。重伤和死亡被认为是不可避免的危险，也是采矿危险的现实需求的一部分。甚至，将错误归咎于工人本身也是屡见不鲜。英美资源集团董事长司徒慕德（Mark Moody-Stuart）爵士对任用卡罗尔起到了重要作用，他认为，南非地区的普遍态度是，受伤的工人"走捷径，总是不遵守规则，他们太愚蠢"。[22]

面对这样的抵制，卡罗尔的反应是再明确不过了。她下令关停问题最大、最危险的一个矿井。勒斯滕堡距约翰内斯堡约60英里，是世界主要的铂金矿开采地，每天创造收益约800万美元。关停矿井是一个大胆且从未有过的决策，很快引起了所有人的注意。更令人震惊的是，卡罗尔坚持，在矿井重新开启之前，她想了解工人的想法，并希望获得每名工人有关提高安全性的意见。她知道，这是在直接挑战英美资源集团严格的层级文化和刻板、自上而下的管理风格——自1917年成立以来就有了，后因南非的种族隔离历史而得到进一步加强。

事情开始变得有趣了。关停矿井后，英美资源集团的高管一次性将3000~4000名工人召集到一个体育场内，宣讲安全的重要性。工人语言各异，识字率也很低，公司只能使用图形来阐明安全性，并聘请了一个剧组进行角色扮演，演绎工人和主管对安全问题的交流互动。然后，将员工分成四五十人的小组，并要求各小组说出他们对于安全的担忧和看法。工人们历来都没有发言权，现在并不愿意这样做，这是可以理解的。

正如卡罗尔所说："我想知道，在地下连续工作几个小时、身后还有值班主管监督的一个人到底有多少权限。我怀疑，一线员工是否有权举手说'这不安全，我不做'。"[23] 换句话说，工人必须感受到足够的心理安全，才会谈论人身安全问题。

必须寻找一种能够与文化契合的方法，在矿井中构建心理安全空间。在工会的帮助下，英美资源集团领导层采用了南非的传统方法，举行集会（南非语称为 lekgotla）。可以看出，集会似乎与心理安全的原则和做法遥相呼应。依照传统，在集会（有点像 Eileen Fisher 的会议）上，所有人围成一圈，每个人都有机会发言，不会被打断或受到批评。对话想持续多久都可以，直到对关键问题达成一致意见，才算结束。[24]

在英美资源集团的集会上，高级管理者重新提出了最初的问题。他们没有让工人直接对安全问题发表意见，而是问："我们怎么做才能创造一个充满关怀和尊重的工作环境？"此时，工人开始觉得可以放心地说出具体的担忧了。一个小组说，他们希望工地上提供热水，便于清洗和泡茶（管理层同意了此项要求）。直到每个小组都拟订出一份协议，写明最大限度地提高安全需要采取哪些具体行动，会话才结束。作为强有力的信守共同承诺的象征性表示，工人和英美资源集团的高管们都在协议上签了名。说到这一过程，英美资源集团的高管朱迪·恩德洛武（Judy Ndlovu）表示："真正的变化在于倾听工人的想法……为了解工人的想法，以及他们每天下矿井的感受，辛西娅挑战了管理层。"[25] 在此之前，对于一个矿工而言，开诚布公需要鼓起很大勇气，如果管理层不乐于接受，这很可能被视为愚蠢的行为。一旦心理安全开始在文化中扎根，工人便可以畅所欲言，借此确保人身安全。

矿井重新开启后，英美资源集团对 3 万多名工人进行了再培训，以满足新达成的安全协议的要求。最高领导层与经理开会讨论了新规则的遵守情况，并强调如果不符合安全标准，工人现在有权停工。同时，制定了新政策，确保对安全程序进行定期审查，并就管理层和高管继续征求工人关于安全运营的意见排定了时间。还确立了指导价值观。现在，在对安全问题进行长时间的更新补充和讨论之前，需要召开高管会议。尽管工人死亡人数大幅下降（从 2006 年的 44 人降至 2011 年的 17 人，下降了 62%）[26]，但还没有实现零死亡。公司会为每名死亡工人举行追悼会并在所有建筑物中张贴工人的照片，以示敬重。为表达敬意和同情，死者的上司会亲自拜访工人的家庭和村庄。所有这些措施都有助于安全规程以及通过关怀和尊重建立的心理安全文化形成制度。

停工一年后，卡罗尔选择再次发声，这次是面向公司外部的人——南非全国矿工联盟（NUM）和矿业部长——请求他们提供帮助，通力合作，实现零伤害。此举再次遭到拒绝。但是，2008 年 4 月，英美资源集团、南非矿产能源部以及全国矿工联盟在约翰内斯堡举行了安全峰会。三个主要利益相关者第一次聚在一起。与矿工一样，三个管理实体的代表建立信任和尊重也是需要时间的。最大限度地提高矿井中的人身安全这一共同目标，成了三方通力合作的催化剂。这个过程也是有帮助的。三个小组一起探访不同的矿井，然后开会，对彼此的尊重和信任日益增强。利益相关者合作伙伴关系最终得以建立，英美资源集团倡导的"安全至上"的理念传播至南非矿业的其他公司。

尽管矿井关停后一年内的产量和收入都下降了，但在 2008 年和 2011 年（卡罗尔任职期间），该公司实现了有史以来最高的营业利润，股价也随之上涨。卡罗尔意识到，想要提高矿井中的人身安全就要扭转有关工人安全的老一套态度，改变公司文化，确保发言安全，这与技术或流程改进差不多。

我们在前面的章节中看到了，组织内各个层级以及整个组织的人员如何助长了沉默与恐惧氛围。同样，组织内各个层级以及整个组织的人员也可以帮助营造建言与安全氛围。领导者可以成为他人畅所欲言的动力和催化剂，但最终，必须由多个利益相关者共同创建并不断滋养这种做法。我们已经看到，致力于这样的行动对于预防或管理危机尤其重要。

用白板实现开放透明

当人们想到危机中的领导力时，常常会想到像乔治·巴顿（George Patton）将军这样的人——向士兵下达果断的命令，让他们坚决取得胜利。但情况并不总是如此，尤其当敌人是技术力量或自然力量，或两者兼而有之的时候。

让我们看一个危机中英雄式领导的不太明显的例子：与巴顿将军一样，2011年3月大地震发生时，福岛第二核电站的负责人增田尚宏（Naohiro Masuda）激励员工进行团队协作，拯救生命。不过，增田是依照构建心理安全空间的关键原则——诚实、善于示弱、沟通和信息分享，成功做到了这一点。他的主要武器是白板。

福岛第二核电站距离其姊妹电站福岛第一核电站不到5英里，也因为地震和海啸遭到严重破坏。[27] 与福岛第一核电站大不相同的是，增田和400名员工设法安全地关闭了核电站的4个反应堆，从而避免了核材料释放到空气和大海的终极灾难。他们设法在24小时内铺设了5.5英里的重型电缆——正常情况下，这项工作需要20人来完成，并配备机械，至少也要花上一个月的时间。在存在着极大的不确定性的状况下，带着对自己和家人生命安全的恐惧，他们不眠不休，连续工作超过48个小时。

在如此艰难的条件下，增田是如何激励员工留下来的？从一开始，增田就选择了公布消息，而不是下达命令。他将员工疏散到应急指挥中心（ERC）之后，从控制室的操作员那里得知，核电站的 4 个反应堆中有 3 个的冷却系统出现故障（操作员坚守在自己的岗位上，勇敢地抵抗海啸的侵袭），增田知道情况"非常糟糕"。[28]如果反应堆无法冷却，就会出现过热，从而导致核裂变。

遗憾的是，增田和他的团队不了解核电站的实际状况。他们不清楚究竟哪里损坏了，或还有什么资源。为了弄清楚情况，员工需要冒险到外面评估损坏的具体情况，并找出可以恢复反应堆的电力、稳定核电站的方法。对于增田来说，这意味着要帮助员工——他们已经受到地震和洪灾的影响——构建足够的心理安全空间，进而采取行动。

增田没有抓起喇叭或命令员工行动，而是在白板上写下有关信息：余震的震级和发生频率、计算结果以及一个粗略的图表，证明地震危险性随着时间的推移在不断降低。换句话说，他用数据说服了员工。增田后来回忆："我不确定，如果我要求了，团队中是否会有人去现场，或者派人去那里是否安全。"[29]事实上，他让员工自己决定是否愿意协助执行这样一项可能有危险的任务。晚上 10 点，当增田最终要求大家选出 4 个小组，每 10 人为一组，出去检查 4 个反应堆的损坏情况时，没有一个人拒绝。

1982年，增田就开始了他的职业生涯，当时，福岛第二核电站还在建设之中。他非常了解这个核电站，所以，能够给每个小组下达详细的指令，说明去哪里、怎么做。他担心恐惧可能会影响员工记住他的指令的能力，于是让各小组在离开之前向他重复具体的指令。关键不是指挥行动，而是帮助他们在情况发生变化和人身安全受到威胁时迅速采取行动。

到了3月12日凌晨2点，40名员工全部安全地返回了应急指挥中心，带来了有关信息。其中一个侦察小组报告，很幸运，发现一个重要转机：1号反应堆后面的放射性废物大楼内还有电。这意味着他们有可能为冷却系统接上电，但需要铺设很多重型电缆。

黎明时分，增田和他的团队绘出了路线图，将电缆由放射性废物大楼接至水边的反应堆机组。但是，组长计算后发现他们没有足够的物资来完成这项任务。增田迅速与东京电力公司总部和日本政府联系，请求提供额外的物资和计算得出的50盘电缆。

在他们等待电缆时（3月13日早晨才能送到），得知福岛第一核电站发生爆炸。对此，有些人难以置信，很多人害怕起来。第二核电站会发生同样的事情吗？他们坚守在这里是否会处于危险之中？面对室内的500~600人，"请大家相信我，"增田说，"我绝对不会做任何伤害大家的事情，但是福岛第二核电站还处于危难之中，我需要大家尽力而为。"[30]

电缆终于送到了，他们立即开始工作，将电缆由废物大楼铺设至水边的反应堆机组。他们从 2 号反应堆开始，因为它发生过热的风险最大。为了使这三个停止运转的反应堆通电，他们需要铺设近 9 公里（5.5 英里）的电缆。每条电缆长 200 米，重约 1 吨。操作人员估计，他们大概只有 24 小时来完成这项任务，而在正常情况下，这需要花费一个月或更长时间。就这样，200 名员工开始紧张地铺设电缆。他们轮班工作，进展极其缓慢。每拖动一条电缆就需要约 100 个人。

正当员工争分夺秒地铺设电缆之时，增田逐渐发现自己的方案根本不可行，这真令人难以接受。即使工人以超人的速度工作，也没有足够的时间来连接三个反应堆。废物大楼离得太远了。

增田立即承认了自己的错误，这正体现了他作为领导者的勇气。增田极度坦诚，最终取得了成功——向人们传达最坏的消息，他相信这将增加他们想出解决当下问题的办法的可能性，这正好符合雷·达里奥的《原则》。承认错误并不讨好，却可以提升团队的心理安全水平，让团队更加紧密地团结起来。增田与几位组长商讨后得出结论，他们只能赌一把——眼下还有一台反应堆机组正常运行，要借用它的发电机来供电。

在白板上，增田加上了对原始计划做出的调整。

他们继续埋头工作，一整天都没有停歇。然而，黄昏时分，有工程师注意到 1 号机组的压力比 2 号机组的上升更快。幸运的是，他们立即通知了增田，他们认为 1 号机组最危险，并建议大家改变工作重点。同样重要的是，增田认真听取了工程师的意见，并认真考虑了他们的建议。

看到自己的团队两天来紧锣密鼓、不眠不休，增田当然不愿意对他们说："重做！从 2 号机组转移到 1 号机组！"即使如此，他还是把情况告诉了大家。尽管有些人不免心烦，但这样做却营造了一种心理安全氛围，并让大家认识到真正的危险，从而帮助他们重新投入新的行动。

午夜之前，当铺完最后一根电缆时，全场爆发出欣喜若狂的掌声。凌晨 1 点 24 分，他们得到通知，1 号机组制冷功能已恢复——还有大约两个小时的剩余时间。3 月 15 日上午，增田和他的团队得到通知，所有反应堆都处于冷停堆状态。他们终于可以休息了。

在增田的影响下，员工采取了行动，哪怕他们脚下的地面还在晃动。增田冷静自若，虚怀若谷，作为领导者，他愿意承认自己的错误，为团队创造条件，让他们能够搞清状况，克服恐惧并快速解决问题。虽然他们的人身安全一直处于危险之中，心理上却感到安全，所以，他们能够联合起来，不断尝试，遭遇失败，然后再重新团结起来。在那些日子里，不知有多少次，他们也害怕失去生命，但小组内的人际恐惧几乎为零。增田的言行奠定了基调，并让员工坚信，他们可以——而且必须——拯救核电站。

释放员工潜能

仔细思考本书第二部分包含的 20 多个案例，有助于我们理解构建心理安全空间面临的挑战和重要性——只有构建心理安全空间，才能充分发掘组织中的人员才能，做到不断学习、创新和成长。在科层制结构中，开诚布公不是自然行为，它需要精心培育。如果没有培育起来，结果可能是灾难性的——对人和底线都是如此。但若是培育起来了，可以肯定的是，它是经过深思熟虑的努力的产物。

创造心理安全的工作场所需要领导力。领导力可以被看作一种帮助人们和组织做出非自然举动的助推力量，例如直言不讳、承担明智的风险、接纳各种观点以及解决极具挑战性的问题。因此，第三部分前面的几章将着重探讨领导者为构建心理安全空间所能做和必须做的事情。通过他们，激发大家思考（也可尝试）有助于创建无畏的组织的各种方法。

第6章重要结论

● 清晰、直接、坦率的沟通是减少事故的重要一环。

● 树立令人信服的公司宗旨，加上领导关怀，能够激励人们加倍努力去做需要做的事情，确保人们感到安全以及充分尊重每个人。

● 要保证员工的安全，首先要鼓励员工说出危险和其他担忧，加强员工的发言权。

注释

1. This quote is the popular version of a line written by the Stoic philosopher Marcus Aurelius in Book XII of his *The Meditations* " . . . *if thou shalt be afraid not because thou must some time cease to live*, *but if thou shalt fear never to have begun to live according to nature-* *then thou wilt be a man worthy of the universe which has produced thee.*" You can find Book XII of *The Meditations*, translated by George Long, for free here http//classics.mit.edu/Antoninus/meditations. 12. twelve.html. Accessed July 27, 2018.

2. Key details in the story of US Airways Flight 1549 described in this chapter come from the National Transportation Safety Board's accident report, and from a series of published case studies.

· National Transportation Safety Board. "Loss of Thrust in Both Engines After Encountering a Flock of Birds and Subsequent Ditching on the Hudson River, US Airways Flight 1549, Airbus A320 – 214, N106US, Weehawken, New Jersey, January 15, 2009."

· *Aircraft Accident Report NTSB/AAR-10/03*. Washington, D. C., 2010;

· Howitt, A. M., Leonard, H. B., & Weeks, J. Miracle on the Hudson (A) Landing U. S. Airways Flight 1549. Case Study. HKS No. 1966. Cambridge, MA HKS Case Program, 2012;

· Howitt, A. M., Leonard, H. B., & Weeks, J. Miracle on the Hudson (B) Rescuing Passengers and Raising the Plane. Case Study. HKS No. 1967. Cambridge, MA HKS Case Program, 2012; 148 Psychological Safety at Work

· Howitt, A. M., Leonard, H. B., & Weeks, J. Miracle on the Hudson (C) Epilogue. Case Study. HKS No. 1967. 1. Cambridge, MA HKS Case Program, 2012.

3. "Statement of Captain Marc Parisis, Vice President, Flight Operations and Services, Airbus." National Transportation Safety hearing. June 9, 2009. Washington, DC. 80-82.

4. U. S. Airways FOM1. 3. 4, Captains Authority, online at National Transportation Safety Board, Operations/Human Performance Group Chairmen, Exhibit No. 2-Q.

5. Sullenberger III, C. & Zaslow, Z. *HighestDuty My Search for What Really Matters. New York*, *NY William Morrow*, 2009.

6. Edmondson, A. C. "The Local and Variegated Nature of Learning in Organizations A Group – Level Perspective." *Organization Science*, 13. 2 (2002) 128–46.

7. Sullenberger III, C. & Zaslow, Z. 2009 229.

8. Wheeler, M. "Asiana Airlines 'Sorry Captain, You're Wrong.'" *LinkedIn Pulse*. 2014. https//www. linkedin. com/pulse/20140217220032 – 266437464 – asiana – airlines – sorry – captain – you – re – wrong/Accessed June 12, 2018.

9. See, for instance, Oriol, M. D. "Crew resource management applications in healthcare organizations." *Nursing Administration* 36. 9 (2006) 402–6; McConaughey E. "Crew resource management in healthcarethe evolution of teamwork training and MedTeams." *Journal of Perinatal Neonatal Nursing*, 22. 2 (2008) 96–104.

10. Shea–Lewis, A. "Teamwork crew resource management in a community hospital." *Journal of Healthcare Quality*. 31. 5 (2009) 14–18.

11. *The Three Musketeers*, written in 1844 by French author Alexandre Dumas and set in 1625 France, has achieved popularity via its many adaptations into film, video, and television.

12. Key details about DaVita and its CEO/lead musketeer Kent Thiry come from a series of case studies.

· Pfeffer, J. Kent Thiry and DaVita Leadership Challenges in Building and Growing a Great Company. Case Study. Stanford GSB No. 0B–54. Palo Alto, CA Stanford Graduate School of Business, 2006.

· O'Reilly, C. Pfeffer, J., Hoyt, D., & Drabkin, D. DaVita A Community First, A Company Second. Case Study. Stanford GSB No. OB – 89. Palo Alto, CA Stanford Graduate School of Business, 2014. *Safe and Sound* 149.

· George, B., & Kindred, N. Kent Thiry "Mayor" of DaVita. Case Study. HBS Case No. 410 – 065. Boston, MA Harvard Business School Publishing, 2010.

13. Pfeffer, J. Kent Thiry and DaVita Leadership Challenges in Building and Growing a Great Company. 2006 19.

14. Pfeffer, J. Kent Thiry and DaVita Leadership Challenges in Building and Growing a Great Company. 2006 2.

15. Kent Thiry, presentation at the Stanford Graduate School of Business. November 17, 2011.

16. O'Reilly, C. *et al*. DaVita A Community First, A Company Second. 2014 7.

17. "Integrated Care Enhances Clinical Outcomes for Dialysis Patients." News-Medical. net. October 31, 2017. https//www. news-medical. net/news/20171031/Integrated-care-enhances-clinical-outcomesfor-dialysis-patients. aspxAccessed June 8, 2018.

18. Berwick, D. M., Nolan, T. W., & Whittington, J. "The Triple Aim Care, Health, and Cost." *Health Affairs*. 27. 3（2008）759-69.

19. Key details describing the safety initiative at Anglo American under Cynthia Carroll in this chapter come from a series of case studies by HBS Professor Gautam Mukunda and colleagues.

· Mukunda, G., Mazzanti, L., & Sesia, A. Cynthia Carroll at Anglo American（A）. Case Study. HBS No. 414-019. Boston, MA Harvard Business School Publishing, 2013.

· Mukunda, G., Mazzanti, L., & Sesia, A. Cynthia Carroll at Anglo American（B）. Case Study. HBS No. 414-020. Boston, MA Harvard Business School Publishing, 2013.

· Mukunda, G., Mazzanti, L., & Sesia, A. Cynthia Carroll at Anglo American（C）. Case Study. HBS No. 414-021. Boston, MA Harvard Business School Publishing, 2013.

20. Carroll, C. "The CEO of Anglo American on Getting Serious about Safety" *Harvard Business Review*. 2012. https//hbr.org/2012/06/theceo-of-anglo-american-on-getting-serious-about-safetyAccessed June 14, 2018.

21. Mukunda, G. *et al*. Cynthia Carroll at Anglo American（A）. 2013 7.

22. *Ibid*.

23. Carroll, C. 2012, op cit.

24. De Liefde, W. *Lekgotla The Art of Leadership Through Dialogue*. Houghton, South Africa Jacana Media, 2005.

25. Mukunda, G. *et al*. Cynthia Carroll at Anglo American (B). 2013 2. 150 Psychological Safety at Work.

26. Carroll, C. 2012, op cit.

27. Key details on the close call at Fukushima Daini in this chapter come from a spectacular episode of PBS's *NOVA* from 2015, as well as a *Harvard Business Review* piece by my colleague Ranjay Gulati, which documented Masuda's leadership style.

· O'Brien, M. (producer). "*NOVA* Nuclear Meltdown Disaster." *PBS*, aired July 29, 2015. http//www.pbs.org/wgbh/nova/tech/nuclear-disaster.htmlAccessed June 15, 2018.

· Gulati, R., Casto, C., & Krontiris, C. "How the Other Fukushima Plant Survived." *Harvard Business Review*, 2015. https//hbr.org/2014/07/how-the-other-fukushima-plant-survivedAccessed June 13, 2018.

28. O'Brien, M. (producer). July 29, 2015, op cit.

29. Gulati, R. *et al*. 2015, op cit.

30. *Ibid*.

第三部分

创建无畏的组织

第 7 章　使其发生

> 一个人聪明与否要看他的回答，一个人智慧与否则要看他的提问。

> ——纳吉布·马哈福兹[1]

当朱莉·莫拉特（Julie Morath）担任明尼苏达儿童医院明尼阿波利斯院区的首席运营官时，她的目标很简单：在她的管理下，保证住院儿童100%的安全。[2]目标可能很简单，但要实现这样的目标却并不容易。这是在1999年年末，那时很少有人谈及患者安全。这并不是说大多数临床医生都认为患者完全可以免于医疗错误和伤害，而是说他们倾向于认为当出现问题时应该有人承担责任。这样一来，就很难把问题说出来了。莫拉特知道，护士和医生首先必须愿意开诚布公，指出错误，才有可能减少伤害的发生。简言之，她需要了解所发生的事情、事发时间和地点的信息。只有这样，医院才能找到新的方法，加强他们在双子城的六家医疗机构中所有弱势小患者的安全。

领导者工具箱

在前几章中我们看到，由于缺乏心理安全，新生儿重症监护病房（NICU）的一名护士不敢说出可能存在的用药错误，她不敢开口，害怕令医生感到不快；我们看到，即使是领先医疗机构中受过良好培训的临床医生，也无法对化疗中连续几天使用高剂量药物的致命方案提出质疑。在有很多事情发生的背景下，都会发生这样的情况。

像儿童医院这样的三级保健医院，情况比较复杂。想要每次都能完美地完成各项任务，是很困难的。首先，每个患者是不同的，任何两个治疗片段也都是不同的。患者护理是一项相互依赖性较高的工作，术业有专攻的专家们掌握的知识和技能是互补的，必须做到无缝协调，然而他们甚至可能不知道彼此的名字，这就加大了工作的难度。多个相互依赖的部门——药剂科、化验室、医生和护理部——对于在什么时间提供什么服务，侧重点是不一致的，必须协调好行动，才能始终如一地提供安全护理服务。该组织一直都认同难免会出错。事情就是这么发展的，总会出现一些小差错和混乱。对此的讨论并不多，但不幸的是，人们往往将不可避免会发生的且最终导致患者伤害的错误归咎于个人（而不是系统的复杂性）。

莫拉特认为，只有改变态度才能取得进展。要做到这一点，她需要借助领导者工具箱。回想一下，使儿童医院内人员态度和行为发生深刻变化的做法可以分为三类：创造条件、邀请参与和有效回应。

创造条件

上任后，莫拉特便开始与医院的各个小组谈话，解释医疗服务本质上是一个容易崩溃的复杂系统。她介绍了有关医学不良事件的新研究和统计数据，让每个人都能了解医疗不良事件是普遍存在的。她引入了新的词语（"工作用词"），这些词语以重要的方式改变了事件和行动的含义。例如，对于不良事件，医院将使用"研究"一词，而非"调查"；她建议不要使用"错误"，而使用"事故"或"失败"。莫拉特尽力以微妙而重要的方式帮助人们换个角度看待工作，尤其是出现错误时意味着什么。这些领导行动也就是我所称的"构建工作框架"。

框架包括我们基于现实形成的假设或信念。[3] 所有人都会下意识地构建客体和所处的框架。我们的焦点是情况本身，却通常对框架的影响视而不见。我们以往的经验会以一种潜在的方式影响我们对当下情况的看法和感觉。我们相信，我们看到的就是事实——看到的是实际存在的。例如，如果我们将医疗事故界定为有人搞砸的迹象，那么我们就会忽略它们或隐瞒不说，以免受到指责或指责同事。但是，我们可以改变自动形成的框架，并构建一个能够更准确地体现事实的共用框架。本章稍后将就构建工作框架提供更多的信息。莫拉特开始发表讲话，希望人们注意，医院护理实际是一个复杂且容易出错的系统，她事实上是在构建工作框架，或更准确地说，重新构建工作框架。她的目标是帮助人们改变观点——无能（而非系统的复杂性）才是罪魁祸首的观点。这种观点上的转变被证明对帮助人们树立安全感至关重要，它让人们放心谈论自己发现的问题、错误和危险。[4]

在为公开讨论错误创造条件时，莫拉特还传达了实现患者100%安全这一目标的紧迫性。

我认为这是一个重要的"创造条件"行动，因为它可以让人们想起自己最初进入医疗行业的原因：挽救生命。这样的提醒可激励人们用心报告、分析伤害并寻找防止伤害的方法。总之，无论是强调这项工作的复杂性和容易出错的特点，还是提醒人们什么才是关键（儿童的生命），莫拉特都是在为实现坦诚创造条件。但想要实现这一目标，只有这些还远远不够。

邀请参与

如你所想，辛勤工作的新生儿护士和经验丰富的儿科医师并没有很快涌向莫拉特的办公室，坦白自己犯过错误或见过别人犯错误。人们更容易相信医疗错误发生在其他地方，而不是

在自己尊敬的机构中。即使他们从内心深处明白，可能或确实
会出错，但这不是摆在眼前的事，他们由衷地相信自己提供的
护理服务很好。

看到员工都沉默不语，莫拉特停下来想了想。我敢肯定，
她脑海里想着再试一次——再解释一遍三级保健医院运营的复
杂性和容易出错的特点，希望纠正员工的内隐式回答——没什
么错误。即便如此，她还是抑制住了说教的诱惑。相反，她做
了一件简单但很有力的事。她问了一个问题："本周，你的患者
是不是如你希望的一样，一切正常？"[5]

这个问题——诚恳、直接又充满好奇——既表现出尊敬，
又比较具体——"本周""你的患者"。这种措辞展现出真正的
兴趣、好奇。它促使你进行思考。有趣的是，她没有问"你是
否发现很多错误或伤害"。相反，她在邀请人们以一种渴望的
方式进行思考："一切是否如你希望的那般正常？"果然，心理
安全开始发挥作用了。人们开始讲述一些自己曾见到的，甚至
自己也有参与的事件。

莫拉特又采取了几项有条理的介入措施，从而加强了这种
邀请参与的效果。首先，她成立了一个名为"患者安全指导委
员会（PSSC）"的核心小组，由它负责变革计划。PSSC 是一
个多层次的跨职能小组，责任是保证听取全医院所有人的意
见。向每名成员发出邀请，并向他们解释为什么征求他们的观

点。其次，莫拉特和 PSSC 推行了一项新政策，称为"无责难报告"——一种邀请人们秘密报告自己见到的风险和失败的机制。再次，当人们开始觉得可以放心地开口说话时，莫拉特设立了 18 个焦点小组，让整个组织的人员都可以轻松地分享担忧和经验。

在这样简单的安排下，员工更容易开口了。加入焦点小组时，员工被明确要求说出自己的意见。保持沉默，比说出想法更让人尴尬。这样就缓解了第 2 章描述的建言不对称——建言本身有风险，保持沉默占据了主导地位。

有效回应

畅所欲言只是第一步。当人们直言不讳时，领导者如何回应，才是真正的考验。创造条件和邀请参与确实构建了心理安全空间。但是，如果有人站起来想出了一个问题，而上司却生气或轻蔑地做出回应，安全感就会很快消失。有效回应必须表现出欣赏和尊重，并提供推进方法。

想想"焦点事件分析"（FEA）——莫拉特在儿童医院发起的跨学科会议，目的是在遭遇失败后将所有人都调动起来。焦点事件分析是从多个角度对发生的事情进行的规范性探讨——类似盲人摸象的故事。但在这种情况下，目的不是像盲人那样争论谁对谁错，而是要找出促成因素，改进机制，防止将来发生类似失败。[6] 因此，焦点事件分析是有效回应的一个很好的例子。

无责难报告政策同样重要，它可以保证人们在面对带来有关错误或不幸事件之类的坏消息的信使时，做出有效回应。儿童医院的医护人员不再担心会受到指责或惩罚，而开始期待（并体验）在他们尽力提出有价值的信息时受到赞赏。

本章旨在提供更多例子，说明领导者在组织中构建心理安全空间的具体方式——创造条件、邀请参与和有效回应。在运用和反思的基础上，该工具箱可供想要构建心理安全空间的领导者使用。表 7.1 对该框架进行了总结梳理。在开发这些行为工具的过程中，我依靠的是相关研究以及多年研究、咨询世界各地组织的经验。

如何为构建心理安全空间创造条件

当你尽力让人们达成一致，树立共同的目标，理解他们所面对的情况时，便是在为构建心理安全空间创造条件。这里需要掌握的最重要的技能是构建工作框架。如果只有近乎完美的产品才能使要求高的汽车客户满意，那么领导者必须知道如何构建工作框架，也就是提醒工人注意汽车下线前可能出现的微小偏差并加以纠正。如果目标是在危险的铂金矿井中实现零死亡，那么领导者必须将人身安全界定为一项有价值且有挑战性，但可以实现的目标。如果目标是发现新的治疗方法，那么领导者要知道激励研究人员提出明智的实验假设，让他们感受到即使经常出错也没有关系。在本节中，我会首先解释构建工作框架如何以及为什么包括重新界定失败并阐明建言的必要性。然后，我会接着讲领导者工具箱中的另一个创造机会的工具：激励工作。

表 7.1　领导者用于构建心理安全空间的工具箱

类别	创造条件	邀请参与	有效回应
领导者任务	**构建工作框架** · 设定对于失败、不确定性和相互依赖关系的期望，以阐明建言的必要性 **强调使命** · 确定关键问题、它为什么重要、对谁重要	**展现情境式谦逊** · 承认差距 **积极探询** · 提出好问题 · 树立认真倾听的典范 **设定机制和过程** · 创建提意见的论坛 · 提供讨论指导原则	**表达赞赏** · 倾听 · 承认并致谢 **消除对失败的偏见** · 向前看 · 提供帮助 · 讨论、考虑并集体讨论下一步行动 **处罚明显的违规行为**
达成效果	共同的期望和意义	欢迎提意见的信心	持续学习的方向

构建工作框架

重新界定失败

由于害怕（报告）失败是表明环境中的心理安全水平较低的一个关键因素，领导者如何阐明失败的作用就显得至关重要。回想一下阿斯特罗·泰勒对于 Google X 发表的评论："让人们敢于挑战那些重大的、有风险的工作……唯一的办法就是为他们尽可能地减少口途的阻碍，让他们可以放心地失败。"[7]换句话说，除非领导者能够明确、积极地营造可以这样做的心理安全氛围，否则人们就会不假思索地争取避免失败。那么，泰勒是如何重新界定失败，让人们觉得失败也没关系的？通过不断重复、相信并且使他人确信"我支持的不是失败，而是学习"。[8]

失败是有价值的数据和信息的来源，但是领导者必须理解并传达到的是，只有在感受到充分的心理安全去深挖失败的教训时，学习行为才会发生。在担任宝洁公司的 CEO 时，雷富礼（A. G. Lafley）撰写了《游戏颠覆者》（*The Game-Changer*）一书，他在书中记录了 11 次非常昂贵的产品失败，并讲明了为什么每次失败都是有价值的以及从每次失败中学到了什么。[9]回想一下，埃德·卡特穆尔安慰皮克斯的动画师，影片一开始总是很烂，让他们"将失败与恐惧拆分开来"。[10]在这里，卡特穆尔给出的是领导者框架构建表述。他在确保人们能够明白，在通往成功的道路上，只有当你欣然面对沿途的曲曲折折时，这种工作才能取得惊人的成功。同样，OpenTable 的 CEO 克里斯塔·夸尔斯（Christa Quarles）告诉员工："在初期往往都不理想，但都没关系。不需要做得很完美，只有这样，我才可以更快地调整方向。"[11]这也是一种框架构建表述。意思是说，网上订餐业务是经过调整方向后实现的，而不是如施了魔法般地一击即中。夸尔斯将初级的不理想版本界定为做出明智决定的不可缺少的参考，这样才能生成后来的理想版本。

　　学会从失败中学习已经变得如此重要，以至于史密斯学院（以及美国的其他学校）正在创建相关课程和计划，以帮助学生更好地应对失败、挑战和挫折。瑞秋·西蒙斯（Rachel Simmons）是史密斯学院伍特利工作与生活中心（Wurtele Center for Work and Life）的领导力发展专家兼非正式"失败大使"。她说："我们所做的努力是为了让学生明白，失败不是学习的障碍，而是这个过程中的一个特点。[12]失败也是学习体验的一种，不应该被排斥在外。对于我们的许多学生来说，过去他们需要做到几乎完美，才能被像史密斯学院这样的学校录取，失败对他们来说可能非常陌生。所以一旦遭遇失败，就会觉得像天塌下来了一样。"[13]学校通过举办有关"冒名顶替者综合征"的研讨会、完美主义讨论和其他活动，来提醒学生他们中有64%的同学只能得到 B⁻ 或者更差的成绩，这是全校为培养学生适应能力所采取的举措的一部分。

请注意，失败在不同类型的工作中起着不同的作用。[14]一头是大量重复性工作，例如在装配厂、快餐店或甚至肾脏透析中心。如果没有正确地绐患者接上透析机，或没有精准地安装汽车安全气囊，都会造成灾难性的后果。因此，在这种工作中，人们急切地发现并纠正与最佳实践存在的偏差至关重要。在这里，为失败喝彩就是将发现这样的偏差视为"好"事，并对注意到细微错误的人表示赞赏，把他们看作对任务有洞察的贡献者。

另一头是创新和研究，这时对于如何取得理想的结果知之甚少，例如制作电影，开设原创服装生产线，或将海水转化为燃料的技术。在这种情况下，必须寻求和赞扬戏剧性的失败，因为它们是成功之路上不可或缺的一部分。处于中间部分的则是各种复杂的操作（例如医院或金融机构），当前的许多工作都属于这一部分。在这里，保持警惕和团队合作对于防止可避免的失败和为聪明的失败喝彩都是至关重要的。

重新界定失败首先要了解失败的类型划分。我在其他地方已详细介绍过，失败原型包括可预防的失败（从来都不是好消息）、复杂的失败（还不是好消息）和聪明的失败（没意思，但它们具有价值，必须被视为好消息）。[15]可预防的失败是指偏离推荐的程序而产生的不良结果。如果有人在工厂内没有戴上护目镜并造成眼睛受伤，这就是可预防的失败。一系列的因素以前所未有的方式融合在一起，就会在熟悉的环境中发生复杂的失败：想想2012年超级风暴"桑迪"来袭时，纽约市华尔街地铁站被洪水淹没。如果保持警惕，复杂的失败有时是（但并非总是）可以避免的。可预防的失败和复杂的失败都不值得庆祝。

相比之下，聪明的失败，正如词语本身所暗示的那样，必须得到庆祝，以鼓励更多的聪明的失败。聪明的失败，与可预防的失败和复杂的失败一样，不是人们想要的结果。但是，与其他两种失败不同，聪明的失败是经过深思熟虑后涉足新领域所产生的结果。表7.2列出了三种失败的定义和适用的情况，以阐明它们之间的区别。让人们明白失败是不可避免的，是构建框架的重要一环。有些失败确实是好消息，有些则不然。但无论是何种类型的失败，我们的主要目标是从失败中学习。

阐明建言的必要性

除了让人们明白失败是普遍存在的以外，构建工作框架还要让人们注意任务和环境有所不同的其他情况。这涉及三种特别重要的维度——不确定性、相互依赖关系和关键问题，这三种因素都对失败有影响（例如，对失败的频率、价值和后果的期望）。强调不确定性是在提醒人们，他们需要保持好奇和机敏，及时发现变化的早期迹象，例如新市场中的客户偏好、患者对药物的反应或即将出现的新技术变化。

强调相互依赖关系是让人们明白，他们需要理解自己的任务与他人的任务是如何相互联系的。相互依赖关系鼓励人们多多交流沟通，帮助他们弄清自己的工作对他人工作的影响，并传达他人的工作对自己工作的影响。相互依赖的工作需要沟通。换句话说，当领导者构建工作框架时，他们也在强调需要承担人际风险，例如分享想法和关注。

表 7.2　失败类型——定义和适用情况[16]

	可预防的失败	复杂的失败	聪明的失败
定义	偏离推荐的程序而产生的不良结果	导致非必要结果的事件和行动组成的独特的新组合	涉足新领域而产生非必要结果的情况
常见原因	行为、技能和注意力不足	复杂性、可变性和新的因素强加于熟悉的环境中	不确定性、试验和冒险
描述词	偏离程序	系统故障	尝试失败
典型领域	生产线制造快餐服务基本公用设施和服务	医院护理美国宇航局航天飞机项目航空母舰核电站	药物开发新产品设计

无论风险高低，阐明风险都很重要。提醒人们有人的生命处于危险之中——例如，在医院、矿井或美国宇航局，可以让他们正确看待人际风险。如果领导者明确建言的重要性，人们会更有可能发言，从而消除固有的建言—沉默不对称性。同样，提醒人们如果实验没有取得预期结果，唯一的危险是自尊受到伤害，这是一种让他们愿意接受事实的好方法——提供可能疯狂的想法并厘清首先验证哪些想法！

最后，大多数人如何看待老板是重构框架的一个重要方面。表7.3将一组默认框架与关于我们如何看待上司和他人的审慎的新框架进行了比较。默认情况下，人们认为老板知道答案，可以下达指令，还能够评估命令是否执行到位。有了这样的框架，其他人仅仅是必须按吩咐做事的下属。大众汽车的CEO马丁·温特科恩是一个受默认框架约束的高管的典型例子。请注意，默认框架集会让人感到人际恐惧。在上司知道答案并对工作评价有绝对权威的世界中，害怕上司、仔细斟酌要说的话是可以理解的。相比之下，新框架讲清楚了逻辑，阐明了营造心理安全环境的必要性。这种逻辑适用于当今大多数组织中成功执行工作的情况。

表 7.3 构建上司角色框架

	默认框架	新框架
上司	知道答案 下达命令	确定方向 邀请人们发表澄清和改进意见
	评估他人的表现	为持续学习、追求卓越创造条件
其他人	必须按吩咐做事的下属	掌握重要知识、有见解的贡献者

新框架表明，领导者必须构建并培养团队的心理安全空间，才能在当今大多数工作环境中取得成功。领导者有责任设定工作方向，邀请人们提出意见，从而厘清并改进已设定的总体方向，为持续学习、追求卓越创造条件。辛西娅·卡罗尔积极邀请矿工提出意见，制定新的人身安全规则，重新构建了英美资源集团的工作框架。福岛第二核电站的负责人增田尚宏支起白板，带领团队成功廷过了海啸的袭击，也是重新构建了工作框架。在瞬息万变的环境下，他将自己获得的信息尽数告知整个团队。实现特定目标所需的创造力和创新越多，越需要这种态度。大众汽车的温特科恩立场上的问题不在于它在道德意义上是错误的，而在于它在实践意义上是错误的——它对于实现一个需要创新的目标是错误的。利用柴油机技术将大众汽车打造成为世界上最大的汽车制造商，这有点像是 Google X 追求的"登月"目标。柴湽机技术尚无法达到法规要求的性能条

件，所以，不管下达多少命令，都无法改变这一真实存在的情况。正如我们从 Google X 看到的那样，心理安全的环境能够有效地接受这种创新失败，让高层管理者可以重新考虑他们的战略。

在新框架中，那些不是领导者的人变成了受到重视的贡献者——掌握重要知识、有见解的人。朱莉·莫拉特让员工说出医疗错误，艾琳·费雪精心安排员工会议，让每个人都有发言的机会，都是因为这样做有助于提高决策水平和执行力，而非表现自己友好的一面。在"易变性、不确定性、复杂性和模糊性（VUCA）"的世界中，如果领导者明白今天的工作需要通过不断学习来找准改变路线的时机和途径，他们就必须有意识地改变自己的思维方式，摆脱那种我们无意识地带到工作中的默认框架，转向更有效的新框架。

构建工作框架不是领导者做一次就算大功告成的事情。框架形成是一个持续的过程。经常提醒人们注意不确定性或相互依赖性水平，可以让人们记住，他们必须保持警惕和坦率，才能做好工作。如果美国宇航局的领导者能够强调工作的这些基本特征，工程师便可以更明显地感受到让他们分享暂时性担忧的邀请。

鼓励贡献

强调使命感是为构建心理安全空间创造条件的另一个关键要素。通过阐明令人信服的愿景与目标来激励人们，本就是领导者的任务。领导者提醒人们他们所做的事情对于客户、对于世界是重要的，有助于形成一种干劲，帮助他们度过艰难的时刻。肯特·西里的座右铭——"我为人人，人人为我"——激励着 DaVita 的员工照顾肾脏疾病患者。通过这句座右铭，他让人们立刻想起患者的脆弱，并提醒他们整个团队都在为之努力。请注意，即使工作显然很有意义（例如，照顾危重病人），领导者也必须花时间强调组织的服务宗旨。这是因为任何人都可能会感到疲倦、分心和沮丧，而看不到关键问题的整体情况。卡罗尔将她对零伤害的热忱带给了南非政府和大型采矿机构。一旦之前毫无联系的团体的利益相关者都开始为实现矿井安全的共同目标而通力合作，他们便能够建立互相信任。让人们重拾他们与自己工作的重要性紧密相连这样的心理，是领导者的工作。这也有助于他们克服在工作中面临的人际风险。

还可以用其他方式定义和界定意义。桥水联合基金的雷·达里奥向对冲基金员工强调，个人成长与利润同等重要。达里奥认为，每个员工都能够不断成长，这很重要，他希望员工也同样看重这一点。鲍勃·查普曼认为，公司应该根据自身为员工提供的帮助来衡量成功，这样的信念激发了所有员工全力以赴地工作。

如果领导者停下来反思一下能够调动积极性并使得组织工作对更大的团体有意义的目标，那么多数领导者将得到很好的服务。然后，他们应该问问自己是否经常、以多大的热忱向他人传达这种令人信服的理由。大量心理学研究证明，感受到人生（包括工作）的目标和意义是人们的首要需求。[17]

如何邀请参与，才能让人们做出回应

领导者工具箱中的第二项基本实践是以一种人们认为有说服力和真实的方式邀请人们参与进来。目标是降低通常被视为适当参与的过高门槛。既然意识到自我保护是天性使然，那么发出的参与邀请就必须非常明确，这样人们才会选择参与进来，而不是畏首畏尾。有两个关键行为是表现诚恳邀请的信号，即采取情境式谦逊和积极探询。设计提出意见的机制则是我在本节中讨论的另一个强大的工具，它是对建言的邀请。

情境式谦逊

这里有一条底线，当上司认为自己似乎无所不知时，没有人会愿意承担因提出想法而产生的人际风险。一种融合了谦逊与好奇的学习心态，有助于降低这种风险。拥有学习的心态，就会认识到总是有学不完的东西。

坦率地说，面对当今我们所处的这个充满复杂性和不确定性的动态世界，谦虚的心态具有现实意义。"情境式谦逊"一词很好地体现了这一概念（对谦逊的需求取决于情境），让领导者（尤其是那些自信满满的领导者）更容易认识到谦逊心态的有效性和力量。麻省理工学院的教授埃德加·沙因（Ed Schein）将此称为"此时此地的谦逊"。[18]请记住，自信和谦逊不是对立的。在合适的时候，相信自己的能力和知识远胜于虚假的谦虚。但是谦逊不是谦虚、虚伪或其他。谦逊是一种简单的认识，即你不能解决所有问题，当然也没有能够占卜未来的水晶球。研究表明，当领导者表现出谦逊之时，团队会有更多的学习行为。[19]

表现出情境式谦逊包括承认自己的错误和缺点。施乐（Xerox）公司董事长兼 CEO 安妮·马尔卡西（Anne Mulcahy）带领公司成功完成转型，摆脱了进入 21 世纪时的破产困境，她说，公司有很多人都知道她是"不知道大师"，因为不管对于什么问题，她都不会在不了解情况之时给出意见，而是常常回答"我不知道"。[20]这让人想起了艾琳·费雪的"做一个无知者"，不过马尔卡西是一家跨国公司的新晋 CEO，而不是公司的创始人，她仍然秉持着这样的态度。在向研究哈佛商学院高级管理课程的高管们发表讲话时，马尔卡西说，她愿意向他人示弱，承认自己的缺点，因为这些最终被证明是一笔巨大的财富。她说："当你坦承自己不知道某个问题的答案时，他们实际上会（从你身上）获得信心，而不会失去信心。"[21]这就为施乐公司的其他人创造了空间，让他们可以更加努力，贡献自己的专业知识并积极参与，最终让公司起死回生。看起来似乎没什么新意，但奇怪的是，这种谦逊在许多组织中却很少见。

伦敦商学院教授丹·凯布尔（Dan Cable）阐明了个中缘由。在最近《哈佛商业评论》上的一篇文章中，他写道，"权力……可能会导致领导者太过执著于结果和控制力"，却无意间加剧了"人们的恐惧——害怕完不成业绩指标，害怕失去奖金，害怕失败——结果……扼杀了他们尝试和学习的动力"。[22]过于肯定或纯粹的傲慢自大可能会产生类似的效果，比如增加恐惧，减少动力，抑制人际风险承担。

回想一下第2章中提到的对新生儿重症监护病房的研究，我、英格丽·内布哈德（Ingrid Nembhard）和安妮塔·塔克（Anita Tucker）发现，在重症监护病房中，心理安全水平较高时，质量改进工作取得的效果远远胜过心理安全水平较低时的效果。[23]这当中有一个因素起到了决定性作用，我们称之为"领导者包容性"。比如，包容性的医疗主任（负责重症监护组织的医师）会说这样的话："我可能遗漏了什么，我想听听你的意见。"其他人也许想当然地认为，了解情况的人会坦率直言。

在研究中，我们对领寻者包容性的三个行为特性进行了评估：第一，领导者平易近人；第二，领导者承认自己会出错；第三，领导者积极邀请其他员工、医生和护士提供意见。因此，领导者包容性的概念很好地体现了情境式谦逊和积极探询（将在下一节中讨论）。

基于我们的研究，以色列研究人员鲁文·希拉克（Reuven Hirak）和亚伯拉罕·卡梅利（Abraham Carmeli）与他们的两位同事一起对以色列一家大医院临床科室的员工进行了调查，以研究领导者包容性、心理安全、科室从失败中学习的能力以及科室表现。他们发现，员工认为领导者更包容的科室具有更高的心理安全水平，从而增强了从失败中学习的行为，而科室表现也更好。[24]总而言之，如果领导者平易近人，承认自己会出错并积极邀请他人提供意见，对于建立和增强组织内部心理安全可以起到很大作用。事实上，这是非常强大的工具。

积极探询

邀请参与的第二个工具是询问。询问是有目的的探究，旨在深入了解某个问题、情况或人员。基本技巧在于如何培养对他人反应表现出真正的兴趣。为什么这很难做到？因为所有成年人，特别是有较高成就的成年人，都受到被称为"朴素现实主义"的一种认知偏见的影响，这让我们有了"了解"正在发生的事情的体验。[25] 如前所述，我们认为自己看到的是"事实"——而不是对事实的主观看法。结果，我们常常不再想知道别人在看什么，无法保持好奇。更糟糕的是，即使激励他们提出问题，许多领导者仍担心这会显得自己无知或缺乏决断力。最近，一家全球制药公司的一名高管在我们针对该公司进行的一次对话中提到了"命令文化"，有些公司确实秉持这样的文化，这进一步加剧了探询的挑战。这是因为，在命令文化中，提问会更不受待见。

然而，当领导者克服偏见，提出真正的问题时，就会促进心理安全空间的构建。回想一下儿童医院的莫拉特提出的问题：本周，你的患者是不是如您希望的一样，一切正常？或卡罗尔向矿工提出的问题：我们怎么做才能创造一个充满关怀和尊重的工作环境？真正的问题能够传达对他人的尊重——心理安全的一个重要维度。与许多人的看法相悖，询问并不会使领导者显得没有决断力，而是会让他们显得周密和明智。

领导者工具箱有几条关于提出好问题的经验法则：第一，不知道答案；第二，提出的问题不仅仅是以"是"或"否"作答；第三，问题的措辞有助于他们分享专注思考后的想法。"世界咖啡会谈"便遵循这些基本原则，它是针对各种聚焦于寻找实现重要的组织或社会目标的新方法而进行的对话，确定了"强有力的问题"——即能够激发、启发和改变人们思维的问题——的特征，如下栏所示。

强有力的问题的特征[26]

· 引发听众的好奇

· 激发反思性对话

· 引人思考

· 揭露潜在假设

· 激发创造力和新的可能性

· 激发干劲，促进下一步行动

· 引导注意力，专注询问

· 不偏离参与者

· 揭示深刻的含义

· 引发更多问题

多询问有关我们工作的情况，能让所有人受益。询问的基本技能包括针对具体情况选择正确的问题类型。例如，可以提宽泛的或深入的问题。为了拓宽对情况的了解或扩大选择范围，可以这样问，"我们会不会遗漏了什么"，"我们还能想到其他主意吗"，或"谁有不同的看法吗"[27]，这类问题可确保考虑到更全面的信息，还会产生与问题或决定相关的更多选项。其他问题可进一步加深理解。比如，"是什么让你产生了这样的想

法"或"可以举例说明吗",这些问题很重要,可以帮助人们了解彼此的专业知识和目标。此外,在经过深思熟虑后问出一个好问题,就是向其他人表明,希望听到他们的意见——让那一刻当即具备了做出回应的心理安全。

MTV 的创始人鲍勃·皮特曼(Bob Pittman)提供了一个能够同时实现分析深度和视角多样性的询问方式的示例。皮特曼在接受《纽约时报》前"角落办公室"专栏撰稿人亚当·布莱恩特(Adam Bryant)的采访时说,

> 通常在会议中,大家正在讨论一个想法时,我会问:"大家有没有不同的意见?"第一次这样问,可能有人会说:"大家都赞同。"然后,我会说:"啊,看来你们没有用心听,总会有另一种观点存在,现在你们需要回过头来找出不同的观点。"[28]

这里,我们可以看到皮特曼是在积极探询,也是在向员工示范怎样做。此外,"总会有另一种观点存在"这一观点对构建工作框架来说是一个微妙之举。他正是基于这样的细微之处构建工作框架,也是在含蓄地提醒团队,创造性的节目编排工作(例如就 MTV 进行的工作)得益于多样化的观点。欲了解有关询问这一基本领导技能的力量的更多案例和细节,建议阅读埃德

加·沙因的《谦逊的探询》（*Humble Inquiry*）[29]，此书极富见地。

设计提出意见的机制

邀请参与并强化心理安全的第三种方法是实施旨在引出员工意见的机制。儿童医院的焦点小组和重点事件分析会议就是这种机制的例子。这种机制很成功地促成了有关安全问题的对话，所以医院工作人员也开始设计自己的机制，希望引出同事们的想法和担忧。值得注意的是，临床专业护士凯西·胡克（Casey Hooke）提出了在科室内设立安全行动小组的想法。这一科室内跨职能小组每月召开一次会议，以确定肿瘤科的安全隐患。很快，其他两个科室受到胡克行动的启发，也成立了他们的安全行动小组。最终，患者安全指导委员会建议所有科室都应建立这样的团队。

消除人际恐惧的另一种方法是采用员工互学机制，例如Google 创建的"Google 人互学（g2g）"网络，该网络由 6000多名自愿抽出时间帮助同事学习的谷歌员工组成。[30] g2g 参与者进行一对一辅导，培养团队的心理安全，并教授涵盖领导力、Python 编程等在内的各种专业技能课程。Google 声称，g2g 不仅帮助无数员工提高了技能，还有助于建立一种心理安全文化，在这种文化中，每个人既是学习者，又是传授者。

全球食品公司达能集团（Groupe Danone）建立了结构化会

议活动——"知识市集",旨在促进分布在各个国家的业务部门之间的探询和知识共享。[31]尽管此类研讨会将分布不同国家的员工聚集在一起,提出了很多有益于提升经营业绩的想法和实践,但发起此类活动的高管更加看重的却是组织文化朝着畅所欲言、寻求帮助和分享好的想法转变这一成果。

如何有效地回应员工的声音——无论这个声音是什么

为了强化心理安全氛围,各级领导有必要对人们承担的风险做出有效回应。有效回应包括三个要素:表达赞赏,消除对失败的偏见,以及处罚明显的违规行为。

表达赞赏

想象一下,如果第1章中的NICU护士克里斯蒂娜(Christina)向德雷克(Drake)说出了自己的看法会怎样。之所以选择沉默,是因为她害怕遭到严厉指责或贬低。但是,如果德雷克对她说"非常感谢你提出这个问题"又会怎么样呢?她的心理安全水平会提高一个等级。这就是一个表示赞赏性回应的例子。医生认为护士的建议或问题是好是坏,都没有关系。无论如何,他最初的反应必须是表示赞赏。然后,他可以说教——

即给出反馈或解释临床细节。但是，为了确保员工能够一直开诚布公，使患者免受意想不到的关注或诊断失误的影响，这份直言不讳的勇气必须能够换来赞赏这样小小的奖励。

斯坦福大学教授卡罗尔·德韦克（Carol Dweck）有一个备受好评的研究表明，个人成就的学习取向和面对挑战时的坚韧和思维方式有关，他指出，只要人们付出了努力，不论结果如何，都要予以表扬，这很重要。[32]当人们认为自己的表现反映的是个人能力或才智时，因为害怕最终的结果会证明自己的能力不足，他们不太可能去冒险。但是，当人们认为自己的表现反映的是个人努力和好的策略时，他们会渴望尝试新的事物，即使面对困境和失败也乐于坚持。

在充满了不确定性的环境中，好结果并不总是好过程的产物，反之亦然。因此，对努力表示赞赏就显得尤为重要。尽管本书中的许多例子都是 CEO 给出的回应，但高管层同样承担着一项重要的领导责任，即确保整个组织中的人员对同事做出有效回应。图 7.1 列出了过程与结果之间的不完美关系，如果每个人都能理解该图传达的逻辑，会大有助益。显然，好的过程可以产生好的结果，而不好的过程也也可以导致不好的结果（图 7.1a）。但是，由图 7.1b 可知，好的过程也可以产生不好的结果（尤其是面对高度不确定或复杂的情况，如在 VUCA 环境下），而不好的过程可以产生好的结果（当你走运的时候），或者产生好的结果的错觉（只是暂时的好结果，大众汽车和富国银行就是这样的情况）。在不确定的、模棱两可的环境中，由于这种纯粹的因果关系的缺失，更加强化了对各种结果（尤其是对坏消息）做出有效回应的重要性。

有效回应通常包括表达赞赏，既可以是简单的赞赏（"非常感谢你的坦率直言"），也可以是具体的赞赏（庆祝或奖励聪明的失败）。

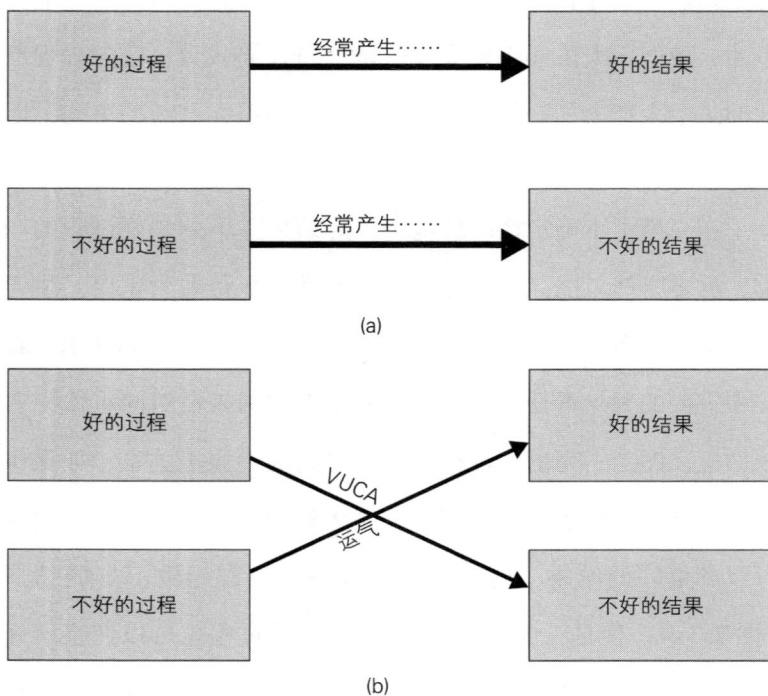

图 7.1　过程与结果之间的不完美关系

消除对失败的偏见

失败是不确定性和创新不可或缺的组成部分，但是对这一点必须加以明确以此强化对发表意见的邀请。在构思如何对失败的消息做出有效回应之时，可考虑一下表 7.2 中的失败类型对此有什么影响。如果领导者对所有失败都做出同样的回应，就无法创造一个健康的学习环境。由于某人违反组织中重要的规则或价值观而发生失败，与实验室中经过深思熟虑的假设最终被证明是错误的情况大相径庭。尽管这从概念上看是显而易见的，但在实践中，人们常常会搞错。

表 7.4 为失败正名，构建心理安全空间

	传统框架	消除偏见的新框架
失败的概念	失败是不可接受的	失败是尝试的自然副产物
对于有效表现的观念	表现优秀的人不会失败	表现优秀的人从聪明的失败中产生、学习并分享经验教训
目标	避免失败	促进快速学习
框架的影响	人们隐瞒失败，以保护自己	公开讨论、快速学习和创新

我经常会问世界各地的经理、科学家、销售人员和技术人员下面这个问题：在你们公司，失败率达到多少被视为应问责

的标准？他们的答案通常是个位数——可能是 1%~4%。我又问失败率达到多少时才真的会问责。现在，他们（停顿或大笑后）说——70%~90%！简单逻辑和组织回应之间存在这么大的差距，产生很遗憾的结果：很多失败都没有报告，也就无法从中吸取经验教训了。正如表 7.4 所示，对失败做出消极回应产生的主要后果是，没有人报告失败。正如第 2 章中马克·科斯塔所指出的那样，这才应该是你最大的恐惧。

在儿童医院，重点事件分析（见"领导者工具箱"部分）流程体现了对复杂失败的有效回应。失败涉及的所有工作岗位或职责人员受邀围坐在一张桌子旁，他们分享自己的观点、问题以及对所发生事件的担忧。每个人都用心倾听他人的所见、所感和所为。人们通常按规定的方式做自己的工作，但是当许多因素以一种新的方式汇集在一起时，便可能引发不幸的事故。重点事件分析不是一项有趣的活动，但它非常有意义且令人欣慰。如果人们能够明白医院中各种系统和职责是如何相互交织的，也就能深入理解系统的复杂性和相互依赖性。他们不会觉得受到责备，而是获得了一种授权，可以退出并对系统加以改进，以防止将来发生类似的失败。最重要的是，他们感受到充分的心理安全，能够继续报告自己所见到的，不断寻求帮助或要求澄清，并提出改进的想法。

实际上，对聪明的失败的有效反应可能意味着庆祝失败的消息。几年前，礼来公司（Eli Lilly）的首席科学家发起了"失败聚会"，以纪念未能达到预期结果的有见地、高质量的科学实验。[33]这是不是有点过了？我认为不是。首先，也是最明显的一点，它有助于营造应对深思熟虑的风险的心理安全氛围，这是科研工作的关键。其次，它可以帮助人们及时承认失败，尽早将有价值的资源——科学家和材料——重新部署到新项目上，这样可以节省大量资金。再次，举行聚会时，人们一般会赴约，这样就能了解失败的原因。反过来，它也降低了公司再次遭遇相同失败的风险。第一次出现的是聪明的失败，但如果再有第二次，也就称不上聪明了。

总之，对可预防的失败的有效回应就是在预防上"双倍下注"，通常是培训与改进系统设计两种方法双管齐下，这样，人们更容易做正确的事。但是，在某些情况下，可预防的失败是发生了该受责备的行为或多次偏离规定流程、对之前转变方向的尝试无动于衷的结果。在这种情况下（通常很少见），就有义务采取能够预防未来发生这种情况的行动。这可能意味着罚款或其他处罚，在某些情况下甚至是解雇。

处罚明显的违规行为

是的，面对该受责备的行为，解雇有时可能是一种合适且有效的回应。但这不会破坏心理安全吗？不会。大多数人深思熟虑后都会意识（并认同）到：当人们违反规则或反复走危险的捷径时，他们也正在将自己、同事和组织置于危险境地。总之，对有潜在危险的、有害的或草率的行为做出合理的且经过深思熟虑的回应，能够增强而不是破坏心理安全。

2017 年 7 月，谷歌工程师詹姆斯·达莫尔（James Damore）写下了一份长达 10 页的备忘录，批评公司关于多样性的立场，该备忘录在谷歌内部广泛流传。他声称，谷歌的女工程师比男工程师少，薪水也比男性低，是因为男女之间存在生物学差异[34]。后来，这份备忘录流出，引发公众热议。[35]

Google 是如何回应的呢？一个月后，达莫尔很快被开除了。消息公开后，公众对 Google 既有赞誉，也有批评。在这场有关解雇之举的辩论中，双方都提出了很有思想深度的论点。先不要站队，我们回过头来想一想什么时候解雇能够构成"有效回应"，什么时候不能。

以此事例为例。首先，遗憾的是，达莫尔选择在公司内部平台以电子方式分享自己的个人观点，至多只能确保不喜欢该备忘录的人将其公之于众。理想情况下，如果有员工想对一项重要工作问题或政策表达个人观点，首先会征求同事的反馈，尤其是那些可能持不同看法的人。这个人可能想要事先更多地了解这些想法的潜在影响和可能的表达方式。很少有人能够从多个角度看待复杂的问题，充分考虑潜在的后果，并独自对这些问题做出正确的决断。当风险很低时，这也无关紧要；但是，如果一份能够影响到你的同事、客户或公司的文件会被百万人阅览时，风险就很高了。

但是，一旦煽动性备忘录被公开，公司应该如何回应呢？我不是想阐明达莫尔在 Google 内部发表的备忘录的细节，而是要提出一种通用策略，确保对组织中已经发生、但你希望从未发生过的举动或事件做出有效回应。

如果制定了明确的政策——禁止使用公司的电子邮件或社交媒体平台发表个人观点，那么违反这类政策的员工就是做出了我们所称的"该受责备的行为"。在这种情况下，有效回应确实涉及严厉的处罚，包括解雇。如果强硬的回应能让人们明白公司对规范未来行为的政策和价值观是认真的，并且构成对违反规定的公正回应，那就是有效的。

但是，如果政策不明确，那么将不幸事件转变成另一种学习机会就是一种有效回应——对公司如此，有时对关注事件的人也是如此。在达莫尔这件事中，高管们可能会对员工的意见感到沮丧（也许是对他无视更为广泛的社会力量感到沮丧，几十年来，广泛的社会力量系统地减少了某些人口群体的晋升机会）。接着，他们可能会继续解释自己的计划，向员工宣讲他们所认为的多样性员工队伍的价值。作为组织学习过程的一部分，公司的各级管理人员都会引导人们讲出并倾听各种想法、问题、担忧和沮丧。他们可能创造机会，帮助人们换位思考，培养同理心，提升询问技巧等等。组织也可能设法提出新的、改进的方法，充分利用员工的多样性特点，开发更好的产品和服务。

总之，有效回应关系到未来的影响。惩罚传达出一个很强的信号，如果事先已明确界定，它也是一个合适的信号。确实，惩罚十分重要，它传达的信号能够强化公司所重视的价值观。但同样重要的是，不要无意间传递这样的信号——"在这里，不容许有各种各样的观点"或"一振出局"。这样的信号不仅会降低心理安全水平，最终还会影响工作质量。相反，能够强化学习型组织的价值观和行为准则的信号是——"可以犯错误，也可以持有别人不喜欢的观点，只要你愿意从产生的后果中吸取经验教训"。最重要的目标是找出一种方法，帮助组织从发生的问题中学习。因此，如果对公司政策公开发表的意见模棱两可，那么让人们加入学习型对话，以更好地理解并改进公司的运作方式，才算得上有效回应。表7.5表明，针对组织中的失败，有效回应应该随着不同的失败类型而变化。

表 7.5　对不同类型失败的有效回应

	可预防的失败	复杂的失败	聪明的失败
有效回应	—训练 —再训练 —流程改进 —系统再设计 —处罚（发现反复发生的或其他的该受责备的行为）	—从多种角度分析失败 —确定要解决的风险因素 —系统改进	—失败聚会 —失败奖励 —对结果进行仔细深入的分析，确定影响 —运用头脑风暴法想出新假设 —设计下一步行动方法或其他实验

领导力自我评估

　　本章讲述的做法以复杂的人际交往技巧为主，不容易掌握。它需要时间、精力和实践。[36]学习这种技能，最重要的一点在于自我反思。可通过下栏提供的一系列自我评估问题做到这一点。这些问题能够体现本章介绍的框架，并使之具有可操作性。

领导力自我评估

一、创造条件

　　构建工作框架

　　■我是否已澄清工作的性质？这项工作的复杂性和

相互依赖程度如何？我们面临多大的不确定性？我是否经常提到工作的这些方面？我对于这些特性的共同理解给出了怎样的评价？

■我是否根据工作的性质选择合适的方式谈论过失败？我是否说过小的失败是后续改进的关键？我是否强调过不可能"第一次"就把全新的工作做好？

强调使命

■我是否清楚地阐释过我们的工作为什么重要，为什么它是有用的，对谁有用？

■就我所从事的工作或行业而言，即使真正的危险看起来很明显，我多久才会谈到一次这种危险？

二、邀请参与

情境式谦逊

■我是否已确定大家都知道我觉得自己并不能解决所有的问题？

■我是否强调过总有学不完的东西？我是否已经讲清楚，鉴于目前的形势，每个人都要保持谦逊，并对将会发生的事怀有好奇？

积极探询

■ 我是否经常问好的问题，而不是以反问句提问？我是否经常问别人有什么问题，而不仅仅是表达自己的观点？

■ 我提出的问题的广度和深度是否合适？

系统与机制

■ 我是否创建了系统地激发人们表达自己想法和担忧的机制？

■ 这些机制是否能够很好地创造一种确保畅所欲言的安全环境？

三、有效回应

表达赞赏

■ 我是否在认真聆听，以表示我听到的内容很重要？

■ 我是否对提出想法或问题的发言者表示肯定或感谢？

消除对失败的偏见

■ 我是否已尽自己所能来消除对失败的偏见？我还能做些什么来庆祝聪明的失败？

■ 有人向我报告坏消息时，我如何确保这是一次有积极影响的经历？

■ 我是否提供帮助或支持来引导下一步行动？

处罚明显的违规行为

■我澄清界限了吗？大家是否知道我们组织中哪些
行为是该受责备的？

■我是否对明显的违规行为做出适当的强硬回应，
以对将来的行为产生影响？

第7章重要结论

●三种相互关联的做法有助于构建心理安全空间——创
造条件、邀请参与和有效回应。

●必须以互动的、以学习为导向的方式反复运用这些做
法，持续创造并恢复坦诚的氛围。

●构建并强化心理安全是组织中各级领导的责任。

注释

1. This quote is from Gelb, M. J. *Thinking for a Change Discovering the Power to Create, Communicate, and Lead.* Harmony, 1996. Print, pp. 96.

2. The details on Julie Morath at Children's Hospital draw from a case study that I conducted with my colleagues Mike Roberto and Anita Tucker Edmondson, A. C., Roberto, M., & Tucker, A. L. Children's Hospital and Clinics (A). Case Study. HBS Case No. 302 – 050. BostonHarvard Business School Publishing, 2001.

3. For additional details on framing, see Chapter 3 of Edmondson, A. C. *Teaming How Organizations Learn, Innovate, and Compete in the Knowledge Economy.* San Francisco Jossey-Bass, 2011. Print, pp. 83–113.

4. Edmondson, A. C., Nembhard, I. M., & Roloff, K. S. Children's Hospital and Clinics (B). Case Study. HBS Case No. 608–073. Boston Harvard Business School Publishing, 2007.

5. Edmondson, A. C. et al. Children's Hospital and Clinics (A). 2001, op cit.

6. One version of the famous fable is found in an 1872 poem by John Godfrey Saxe, which includes these lines "And so these men of Indostan disputed loud and long, each in his own opinion exceeding stiff and strong. Though each was partly in the right, and all were in 184 Creating a Fearless Organization the wrong." The full poem can be found here https//en.wikisource.org/wiki/The_poems_of_John_Godfrey_Saxe/The_Blind_Men_and_the_ElephantAccessed June 12, 2018.

7. Teller, A. "The Unexpected Benefit of Celebrating Failure." *TED.* 2016. https//www.ted.com/talks/astro_teller_the_unexpected_benefit_of_celebrating_failureAccessed June 8, 2018.

8. This quote comes from a talk Teller gave at Stanford University on April 20, 2016 as part of Stanford's Entrepreneurial Thought Leaders series. You can watch the full talk at Stanford's eCorner https//ecorner.stanford.edu/video/celebrating-failure-fuels-moonshots-entire-talk/.

9. Lafley, A. G., & Charan, R. *The Game-Changer How You Can Drive*

Revenue and Profit Growth with Innovation. 1st ed. Crown Business, 2008. Print.

10. Catmull, E. & Wallace, A. *Creativity, Inc. Overcoming the Unseen Forces That Stand in the Way of True Inspiration.* New York Random House, 2013. Print, pp. 123.

11. Bryant, A. "Christa Quarles of Open Table The Advantage of ' Early, Often, Ugly." *The New York Times.* April 12, 2016. https//www. nytimes. com/2016/08/14/business/christa − quarles − of − opentablethe − advantage − of − early−often−ugly.htmlAccessed June 14, 2018.

12. Bennett, J. "On Campus, Failure Is on the Syllabus." *The New York Times.* June 24, 2017. https//www. nytimes. com/2017/06/24/fashion/fear − of − failure.htmlAccessed June 14, 2018.

13. *Ibid.*

14. For more on different types of work, see Chapter 1 of *Teaming How Organizations Learn, Innovate, and Compete in the Knowledge Economy.* San Francisco Jossey−Bass, 2012. Print, pp. 11−43.

15. Edmondson, A. C. "Strategies for Learning from Failure." *Harvard Business Review.* April 2011. https//hbr. org/2011/04/strategies − forlearning − from−failureAccessed June 14, 2018.

16. This table presents a modified version of a table that appeared in Chapter 5 of Edmondson, A. C. *Teaming How Organizations Learn, Innovate, and Compete in the Knowledge Economy.* San Francisco Jossey − Bass, 2012. Print, pp. 166.

17. To cite just one example, Wharton professor Adam Grant and a team of researchers conducted a study in which they arranged for a group of university call center workers, tasked with the tedious and frustrating work of trying to raise money for the university's scholarship fund, to meet the actual scholarship recipients funded by the donations they solicited. By seeing how their work contributed to the lives of others, *Making it Happen* 185 the callers subsequently increased both the time they spent on the phone and how much money they brought in, compared to callers who did not meet the scholarship recipients. See Grant, A. M., Campbell, E. M., Chen, G., Cottone, K., Lapedis, D., & Lee, K.

"Impact and the Art of Motivation Maintenance The Effects of Contact with Beneficiaries on Persistence Behavior." *Organizational Behavior and Human Decision Processes* 103. 1（2007）53-67.

18. Schein, E. H. *Humble Inquiry the Gentle Art of Asking Instead of Telling*. 1st ed. Berrett-Koehler Publishers, Inc., 2013. Print, pp. 11.

19. Owens, B. P., Johnson, M. D., & Mitchell, T. R. "Expressed Humility in Organizations Implications for Performance, Teams, and Leadership." *Organization Science*24. 5（2013）1517-38.

20. Anne Mulcahy, HBS class comments, October 11, 2017.

21. *Ibid.*

22. Cable, D. "How Humble Leadership Really Works." *Harvard Business Review*. April 23, 2018. https//hbr.org/2018/04/how-humbleleadership-really-worksAccessed June 14, 2018.

23. Tucker, A. L., Nembhard, I. M., and Edmondson, A. C. "Implementing new practices An empirical study of organizational learning in hospital intensive care units." *Management Science* 53. 6（2007）894 -907.

24. Hirak, R., Peng, A. C., Carmeli, A., & Schaubroeck, J. M. "Linking Leader Inclusiveness to Work Unit Performance The Importance of Psychological Safety and Learning from Failures." *The Leadership Quarterly* 23. 1（2012）107-17.

25. Ross, L. & Ward, A. "Naive Realism Implications for Social Conflict and Misunderstanding." In *Values & Knowledge*. Ed. T. Brown, E. S. Reed, & E. Turiel. Lawrence Erlbaum Associates（1996）103-35.

26. Adapted from "The Art of Powerful Questions." World Café. http//www. theworldcafe.comAccessed July 27, 2018.

27. For great work on advocacy and inquiry, the Actionsmith group posts this paper http//actionsmithnetwork. net/wp - content/uploads/2015/09/Advocacy - and-Inquiry-Article_Final.pdf . Accessed June 21, 2018.

28. Bryant, A. "Bob Pittman of Clear Channel, on the Value of Dissent" *The New York Times*. November 16, 2013. https//www. nytimes. com/2013/ 11/17/business/bob-pittman-of-clear-channel-on-the-valueof-dissent. htm-

lAccessed June 14, 2018.

29. Schein, E. H. *Humble Inquiry The Gentle Art of Asking Instead of Telling*. 1st ed., Berrett−Koehler Publishers, Inc., 2013. Print.

30. "Guide Create an Employee−to−Employee Learning Program." *reWork*. https//rework.withgoogle.com/guides/learning186 Creating a Fearless Organization development − employee − to − employee/steps/introduction/Accessed June 14, 2018.

31. For more on Danone's knowledge marketplaces, see the following case study I conducted with David Lane Edmondson, A. C. & Lane, D. Global Knowledge Management at Danone (A) (Abridged). Case Study. HBS No. 613−003. Boston, MA Harvard Business School Publishing, 2012.

32. For more on Dweck's fantastic work on fixed vs. growth mindsets, see Dweck, C. S. *Mindset The New Psychology of Success*. Updated ed. Random House, 2016. Print.

33. Burton, T. "By Learning From Failures, Lilly Keeps Drug Pipeline Full." *The Wall Street Journal*. April 21, 2004. https//www. wsj. com/articles/SB108249266648388235Accessed June 14, 2018.

34. The memo was first leaked to the public here https//gizmodo.com/exclusive−heres−the−full−10−page−anti−diversity−screed−1797564320 Accessed June 15, 2018.

35. See, for example

· Wakabayashi, D. "Contentious Memo Strikes Nerve Inside Google and Out." *The New York Times*. August 8, 2017. https//www. nytimes. com/2017/08/08/technology/google − engineer − firedgender − memo. htmlAccessed June 14, 2018.

· Molteni, M. & Rogers, A. "The Actual Science of James Damore's Google Memo." *WIRED*. August 15, 2017. https//www. wired. com/story/the − pernicious−science−of−james−damores−googlememo/Accessed June 14, 2018.

36. The late HBS Professor David A. Garvin, a friend and colleague, was fond of telling students that any word in the English language that ends in the suffix "ing" is a *process*, which means first, that it's not a one−and−done, and

second, that a leader can get better at it with practice. In that vein, creating psychological safety in an organization is a messy process that requires leaders to set the stage, invite participation, and respond productively each and every day. It never ends! But just like you can optimize a manufacturing process, you can definitely improve at it.

第 8 章　下一步做什么？

> 学习的最大敌人是"知道"。
>
> **——约翰·麦斯威尔**[1]

到目前为止，我们应当知道，心理安全是建立学习型组织的基础。组织要想通过不断学习和灵活执行站稳脚跟，必须营造一种鼓励直言不讳的无畏环境。在当下这个复杂而不确定的世界，任何一家蓬勃发展的公司中的领导者都必须认真倾听，并深刻理解：人们既是接受"有必要做出改变"信号的传感器，也是测试和实施创新思想的源泉。

不断巩固安全感

我们发现，领导者可以使用多种工具来创造并培育有利于学习、创新和成长的工作场所。通过自己的一言一行并设计吸引人们参与有效对话的机制，领导者可帮助建立无畏的工作场所。我们还发现，心理安全很容易受到影响，需要不断巩固。

当我们着手创建一个人们可以在工作中充分展现自我的组织时，我们其实是在根深蒂固的心理思潮中逆流而上。

心理和社会力量形成的基本不对称性——偏向沉默，而非建言，或者是偏向自我保护，而非自我表达——将一直伴随着我们。而建言和沉默的回报也是不对称的。与为实现一个鼓舞人心的目标而积极拼搏，和成为能够实现宏伟目标的团队的一员所带来的满足感相比，自我保护不过是一种空洞的胜利。为不输而战与为赢而战是有区别的。[2]"为不输而战"是一种有意识或无意识地聚焦于不利因素而进行防御的心态；相反，"为赢而战"关注的是好的方面，寻找机会并且也不可避免地要承担风险。如果抱着为不输而战的心态，我们就会畏首畏尾。

停下来想想，你在工作中是哪种心态占据上风。究竟有多少次，你发现自己是为赢而战？要做出这种转变是很有挑战性的，这是因为抱着为不输而战的心态，你很可能会成功做到（不输），但是你会错过成长、创新和体验更深刻的成就感的机会。当你下定决心为赢而战之时，规则就会改变。没错，可能有时你会在众目睽睽之下遭遇彻底的失败。但是，你也将变得更有能力为改变世界使之不同而贡献自己的力量。[3]也许，体验心理安全的最佳方式就是假设你已经具备。看看会发生什么情况！有可能你也会为周围的人创造一个更安全、更加充满活力的环境。这时，你可以行使一下小小的领导力。

　　领导力是一种至关重要的力量，它让人们和组织有可能克服建言和参与的内在障碍，从全力参与一项鼓舞人心的共同任务中获得情感的和实际的激励。如第 7 章所述，领导力并不局限于组织的最高层，在各层级都是可以运用的。领导力的核心在于借由他人的努力来实现个人无法独自实现的目标，同时帮助人们凭借自己所拥有的才华和技能走得更远。我希望本书能够让人相信，用坦诚代替沉默、用参与代替恐惧是当今领导者的基本职责。

　　本书列举的事例反映了世界各地组织的一些特殊时刻。我们看到，在有些组织中，缺乏心理安全造成了严重的经营失败和人身伤害。还有多个案例与此形成了鲜明对比，让我们得以一窥以坦诚和参与为特征的工作场所。这些案例展示的是与众不同的工作场所，在这里，失败不会遭到指责，人们理解冒险和学习是完成工作过程中不可或缺的一部分。尽管如此，预测这些组织中接下来会发生什么并不容易。根据这些案例中描绘的个人和团体来确定整个组织的特征也是不准确的。心理安全是动态的。当面对新的领导者或新的形势时，极度坦诚的工作场所可能会发生转变。由可怕的沉默占据主导地位的组织也可以改变，从而有利于表达深刻的意见和审慎的决策。通常，这种转变是因为刻意学习组织过去的惨痛失败而发生的。接下来是一些示例（仅为例证）。

审慎的决策

回想一下诺基亚，数百年来，这家公司为芬兰的 GDP 和国家身份认同做出了重大贡献。正如我们在第 3 章中看到的那样，它之所以走向衰败，与高级主管和工程师之间的恐惧之舞有关。公司总部不想听到这样的坏消息：诺基亚的塞班操作系统即将过时，正被 Apple 的 iOS 和 Google 的安卓平台赶超。工程师的"天线"已经接收到"硅谷"传来的消息，但他们不敢向上级报告。他们想要开诚布公，却因为上级的关系，最终循惯例选择了沉默。

快进到 2013 年。诺基亚的战略性翻盘举措是剥离手机业务，专注于制造网络设备和软件、收购和合作伙伴关系、专利许可以及物联网。在这一巨大转变中，诺基亚领导人必须借由持续的、深刻的对话来做出艰难的选择。为了确保这一举措奏效，他们需要抛弃之前恐惧之舞的动作，转而信奉皮克斯智囊团的坦诚理念，他们需要从艾琳·费雪的"不知道"信念开始。

芬兰阿尔托大学的蒂莫·沃里（Timo Vuori）教授和欧洲工商管理学院（INSEAD，最初是法语"Institut Européen d'Administration des Affaires"的缩写）的伊归仁（Quy Huy）教授对诺基亚进行了 190 次访谈（包括 9 名董事会成员和 19

名高层管理人员），以期了解诺基亚的高管（其中许多人是新任命的）是如何共同做出了这样的战略决策。董事会做的第一件事就是建立讨论规则，其中包括一些心理安全的基本原则，例如，必须倾听和尊重每个人的意见。但是，仅仅制定一套新的对话规则还不够。习惯和文化不是一夜之间就能改变的。

一位董事会成员对研究人员说，在他对一位高层管理者做出了攻击性言论之后，董事长让他在下次会议上向这位高层管理者道歉。[4] 换句话说，新任董事长必须有意识地强化规则，增进个人之间的信任，并创造一种让人们可以畅所欲言的心理安全文化。这绝不是践行表面的文明礼仪，也不是尽力"表现友好"。相反，公司的未来取决于无畏的创造性意见和领导者允许的开放性讨论。显然，这是他们能力范围之内的事情。正如一位高层管理人员对研究人员说的那样，"（新主席）上任后，我们不再惧怕，也不必反复斟酌怎么说话。跟他讨论什么事情，抛出想法，想到什么就说什么，都很容易。"[5] 多年来，"抛出想法"和"想到什么就说什么"这样的过程产生了新的观点、策略、数据收集、选择、情况分析，等等。与皮克斯的电影制作人一样，诺基亚的经理们可以拒绝他们认为不可用的策略，然后继续头脑风暴，寻找新的策略，直到通过审慎的决策过程提出董事会和最高管理层认为正确的策略。

聆听沉默的声音

被誉为"全面质量管理（TQM）之父"的威廉·爱德华·戴明（W. Edwards Deming）帮助全球改变了质量管理规范，他曾提出"驱走恐惧心理"的质量管理原则，而对于任何一个组织而言，这将是一段漫长的旅程，我们必须以现实的态度看待这一点。[6]我们没有神奇的魔杖，能够在一夜之间拥有心理安全，但是如果领导者能够致力于构建心理安全空间的愿望，允许人们逐一发言，也就迈出了一段无休止旅程——建立和培育可以在知识经济中持续创新和蓬勃发展的组织——的第一步。

在"哥伦比亚"号航天飞机最终任务结束后的十年中，我在哈佛商学院和世界各地的领导力课程教学中一直使用一项有力的多媒体案例研究（我和我的同事利用公共资源开发出来的）。[7]2012年的一天，我的办公电话响了。令我惊讶的是，来电者自称来自美国宇航局。他说："我们知道你在干什么。"我咽了一口口水。他继续说："我们觉得很好。"来电者是埃德·罗杰斯（Ed Rogers），美国宇航局戈达德航天飞行中心的首席知识官。对我来说，这是一个惊人的时刻。在研究中，我们曾有幸采访了社会学家和哥伦比亚大学教授黛安·沃恩（Diane Vaughn），她针对1986年不幸的"挑战者"号的发射决定写下了一部权威著作。[8] 早在 20 世纪 90 年代初期，那本书出乎意料地让沃恩成为众人瞩目的焦点，她收到多份向企业高管和决策者做演讲的邀请。她幽默地说，"大家都打来了电话"，然后她提到几家顶级公司，还有美国国会。沃恩笑了，"甚至我的高中男友也打来了电话！但美国宇航局从来没打过电话……"因此，"美国宇航局打电话给我"这么一个简单的事实，对我来说是一种转变的信号。

罗杰斯主动提出要来旁听我的下一堂课，和他一起的还有罗德尼·罗查。后来，他确实来了，这对学生和我来说都是一次激励人心的经历。罗杰斯继续解释说，他正在安排一个为期一天的以"沉默之声"为题的研讨会，他想让我发言。（当然，我推掉了所有行程。）研讨会上有三位外部发言人和八位资深内部人员，讨论的话题涉及创建"无所畏惧"的联邦工作场所的需要，沉默带来的极大危险，还有研究未遂事件、避免灾难的能力。

这次研讨会在一个大礼堂举行，座无虚席。研讨会只是美国宇航局认真对待改变其文化之愿望的多种途径之一。它实施了一些新的机制，包括旨在降低发言门槛的正式异议机制、新的安全报告系统和监察专员计划。还设立了新奖项（例如"主动参与、聪明失败奖"），以示对"创新文化中，只把失败当作成功的垫脚石"的认同。[9] 内部人士针对"哥伦比亚"号写下一项详细的案例研究，在内部进行宣讲，并向大众公开。[10]这与我所研究的组织相去甚远，在我研究的组织中，管理者一直在大力确保没有坏消息逃脱组织的围墙。罗杰斯在私人交谈中强调，"沟通是我们成功的关键"，"倾听文化" 与畅所欲言的文化同等重要，这与我们在第 4 章就罗杰·博伊斯乔利竭力直言不讳但最终无功而返所进行的探讨有关。他解释说，"沟通包括传送和接收两个过程"。罗杰斯称美国宇航局戈达德航天飞行中心当时的新任主任克里斯托弗·斯科拉斯（Christopher Scolese）是 "我所遇到的领导者中最好的一位"。当我问及原因时，他解释说，这是因为 "他关心员工，有战略眼光，心系太空事业和美国宇航局"（总的来说，他不支持既定的程序）。他接着谈到斯科拉斯总是对他人的贡献表现出很大的尊重和兴趣。

我讲这个事例，不是为了证明文化的改变，而是为了说明组织正在从多个角度意识到构建心理安全空间的必要性，这样才能在充满复杂性和模糊性的世界中追求卓越。

当幽默一点也不好笑时

"你今天能加班跟我一起做这个项目吗？" Uber 一名女员工问男同事。

"你陪我睡,就可以。"然后他停顿了一下,"只是开玩笑。"

听起来像是个拙劣的笑话。Uber 曾聘请哈佛商学院教授弗朗西斯·弗雷(Frances Frei)担任 9 个月的高管,协助其改变公司文化。她称这属于她所归类的"只是开玩笑"事件的一种。[11]她解释说,如果有人觉得在说出意见后需要加上"只是开玩笑",可能意味着他知道这条意见有不受欢迎或不合适的风险。弗雷对于 Uber 创造有毒文化的问题的见解(第 4 章),以及她在负面宣传的冲击后发起的应对措施,都说明了在极其不安全的组织中构建心理安全空间的方法。

弗雷指出,人们需要新的技能来应对这些"只是开玩笑"的时刻,尤其是在这状况不为组织文化接受之前。她对上述交流的建议回应是:"呀,感觉太不合适了,我们可以重来一遍吗?"[12]理想情况下,新的回应会渗透到整个组织,直到"只是开玩笑"者终于开始以得体、包容的方式讲话。这种"自下而上"式变革是由整个公司中没有实权的人实施的,在领导者制定明确的文化指示时,最为有效。2017 年 8 月,Uber 新任 CEO 达拉·科斯罗萨西上任后,做的第一件事就是征求员工意见,以期建立一套新的文化价值观。作为一个转向诚信的信号,现在 Uber 的第四条价值观,已经由曾经备受推崇的"踩别人脚趾"变成了"做正确的事"[13]。

Uber 作为一家打车服务公司实现了高速增长，这意味着管理者很快被提升到超出其能力范围的职位。他们没有有效领导的经验，也未接受过这方面的培训。正如科斯罗萨西所说："从业务的增长来说，我们可能是在做正确的事情。但是，对竞争的思考可能有点过于激进，甚至其中一些事情是错误的。"[14]他解释说："错误本身并不是一件坏事。问题是，你是否能从错误中吸取教训。"[15]这符合他领导下的心理安全文化。

只要改变一些简单的规则，就能纠正造成恐惧氛围的某些行为。例如，弗雷讲述，她第一次到公司时，在与高管层的会议中发现一些常见的行为，例如每个人都在关注自己的手机——互发消息谈论会议的情况![16]这相当于在高中时代被别人在背后偷偷议论，显然降低了房间可能存在的心理安全水平。与此行为形成鲜明对比的是，达里奥要求整个组织保持透明，并给那些可能违反透明规则的人冠上了"令人厌恶的臭黄鼠狼"这一不招人喜欢的称号。更重要的是，这种行为表明没有人感到足够安全，所以不会向团队畅所欲言或坦诚陈述自己的想法。正如 Uber 的新任人力资源主管利亚纳·霍恩西（Liane Hornsey）所说："没有信任，没有'我们在一起'的集体意识。"[17]在这种情况下，补救办法相当简单：命令人们放下手机！只有这样，人们才会抬起头来，认真倾听并开始协作。换句话说，驱走恐惧并迈向心理安全的旅程已经开启。

回想一下第 4 章，在 #MeToo 运动早期，苏珊·福勒说出来的行动第一次暴露了 Uber 的恐惧文化。尽管现在不是要追溯令人感兴趣的轨迹和 MeToo 引发的微妙文化转变，但值得一提的是，这种说出来的行动最终引发了切实可行的变革，而且不仅仅是在 Uber。例如，国家妇女法律中心成立了 TIME's UP 法律辩护基金，让更多的女性站出来，保证她们能够得到法律援助。[18]

改变是可能实现的。改变可能是困难的，但是如果组织要在知识密集型世界中实现蓬勃发展，企业文化可以而且必须改变。创建一种人们可以在工作中充分展现自我的环境是一项困难而有价值的任务，如果需要的话，可寻求外部引导者和教练的支持。也可以建立内部教练网络（见第 7 章），同个人和团队合作，共同树立和恢复心理安全，就像 Google 通过 g2g 网络所做的一切。当然，这些方法也可以互为补充。为了帮助完成此段旅程，接下来，我将另外提供一些想法，这些想法都是由世界各大组织中的工作人员提出的问题触发的。

构建心理安全空间时的常见问题

在过去 20 年中，我在各种商业组织和公共部门中负责了多个领导力项目。虽然这些项目涵盖各种各样的主题，但心理安全始终发挥着重要作用，且常常会引发参与者的提问。因此，我想在此列举一些我给听众的回答，希望这些回答也能解决大家的问题。

一个人的心理安全水平会不会过高？

这大概是人们最常问的问题。当我与世界各地的公司、医院、政府机构和非政府组织（NGO）的人交流时，他们直观地认识到需要构建心理安全空间，让学习和创新得以扎根。但许多人担心，如果松开建言的"刹车"，人们会说个没完。这样的担心是可以理解的。毫无根据的、无用的意见会毁掉项目，而好的想法会被淹没在喋喋不休的汪洋大海之中。人们会变得马虎草率。

我的简短回答？不是的。我不会认为一个人的心理安全水平会过高，我只会认为你的约束力不够。心理安全能减少人际恐惧，不让提出问题或承认错误显得过于出众。这并不意味着你会自动获得完成工作的好的策略，也并不意味着你的员工获得了有效的激励或充分的训练。

提出这个问题的人们常常想知道应该将心理安全定在什么水平，才能获得最佳效果。我理解促使他们提出这个问题背后的担忧。我想就此提出一种解决方案，但它不需要确定最佳的人际恐惧水平。

在我看来，人际恐惧对工作从来都是有害无益的。尽管害怕错过截止期限，害怕让客户失望或害怕竞争对手的实力可能会激发积极性，但在技术、客户和解决方案不断变化的环境中，害怕上司或同事不仅无济于事，而且十分危险。不能及时地开诚布公的潜在代价实在太大了。

当今的领导者需要明白，人们自发设定了一个决定着他们建言时机和内容的无形门槛。问题是，在工作中，大多数人将这种门槛设得太高了。我们宁可隐瞒信息或问题——即使我们认为它们可能很重要，也可能具有增加价值的潜力。实际上，罕有人会趋向于建言。我并不是说，不能把门槛设得太低，不然会产生各种无用或不适当的意见，只是这种情况发生的次数比人们预期的少。即使这样，消除（过度建言的）风险的最佳方法也不是降低心理安全水平，而是提供反馈，让发言者明白自己产生的影响。

我认为，心理安全并非灵丹妙药。心理安全仅仅是现代经济中获得成功所需的诸多因素之一。正如第 2 章所讨论的，人们最好将心理安全视为一种使能力量，它能够让激励、信心或多样性等因素对工作成果产生预期影响。有了心理安全，才能让成功的其他推动因素（天赋、才智、思维多样性）发挥作用，进而影响工作的完成方式。

创建心理安全的工作场所是否会耗费太长时间？

这个问题——还有一个非常相似的问题："如果人们总是说个不停，我们怎么完成任务？"——显然与关于心理安全水平过高的问题有相同之处，但它明确地考虑到了时间和效率。时间和效率是现代组织面临的两个重要问题，有必要停下来思考一下。

人们担心如果每个人都畅所欲言，会议就会没完没了，这也能折射出人们对发表意见门槛较低的担心。这实际上是将心理安全与不好的过程混淆了。就像实现卓越通常需要约束一样，对（针对决策、解决问题或只是报告的）有效会议的管理涉及技能、约束和巧妙的流程设计。有很多很好的渠道针对如何召开有效且高效的会议提供了建议，还有各种实用的工具，保证既让人们提出意见，又不会造成混乱。[19]而且这些工具中没有一种与营造人们只关注任务而不是顾全面子和自我保护的坦诚氛围格格不入。

更进一步来说，我认为当一个团队拥有了心理安全，只会节省时间，而不会浪费时间。心理安全并不是一成不变的规则，但可以成为效率的一种决定因素。例如，在我研究过的高级管理团队中，缺乏心理安全会导致对话（间接的表述、含蓄的批评和含沙射影的说话花费的时间比坦诚对话的长）絮絮不休，会议延长，不能针对关键战略问题达成决议。[20]本可以在几个小时内达成的决策却耗费数月之久。[21]总之，缺乏心理安全可能会大大降低效率，甚至产生无效的结果。回想一下第 3 章的纽约联邦储备银行，由于缺乏心理安全，即使对问题进行了详细讨论，却未能解决问题。相比之下，在我曾经合作过的一些团队中，清晰的流程与直接的开放性对话相结合，能够产生高效、巧妙的对话和明确的决策。

创建心理安全的工作场所，是否意味着必须保证事事透明？

说心理安全水平再高也不过分并不等于说透明度越高越好。不同的情况可能需要不同程度的透明。在外科手术室中，我敢说完全透明是一种很好的做法。请分享你的观察所得！即使是错误或无用的意见，我希望（并期望）其他人也能够对其及其效果表现出赞赏并保持透明。但是有时候，在工作场所分享自己的每一个想法（例如，关于某人的着装或表达风格）并没有什么用处。雷·达里奥的激进式全透明文化对自己的公司或行业是否有用，我认为理性的人对此可能持不同观点。比如，在你的组织中，有关个人成长和反馈的哪些方面应该予以批评，要经过审慎的思考作出决定。

我们很少有人会自愿寻求在没有心理安全的环境中工作。那么，为什么我们希望别人在这样的环境下工作呢？"如果我们说出与工作相关的想法或问题时，同事或上司会有什么反应"，当我们因为这一点担心而分散注意力时，谁都无法做到最好。目标是要弄清楚想在你的公司或行业中尽可能把工作做到最好，需要何种程度的透明，哪些事情需要保持透明（这可能需要进行几次尝试，才能确保正确）。同时，需要不懈努力，确保人们不会因为害怕尴尬而隐瞒与工作相关的想法。

我完全支持在工作中构建心理安全空间，但我不是领导，有什么我可以做的吗？

领导（组长、外科医生、部门主管等）确实在塑造工作场所的期望和行为中发挥着极为重要的作用，但每个人都可以为构建心理安全空间出一份力。有时，你需要做的只是问一个好问题。这确实是一个很好的开始。一个好的问题是出于真正的好奇或给某个人提意见的渴望。问题急需回答；它们创造了一个真空，给他人提供了发声的机会。尤其是当问题指向个人（并以体现好奇的方式表达）时，会自动创建一个小小的安全区。通过提问，你会传达这样的信息——"我对你要说的话很感兴趣"。这样，你就创造出一个安全区，可以帮助一个或更多人发表他们的想法。

此外，无论是否已提出问题，你都可以选择主动倾听，根据别人的想法饶有兴趣地做出回应或给出反馈，这样也能构建心理安全空间。真正的倾听可以传达尊重之意，并以微妙而有力的方式强化欢迎人们充分展现自我的意识。请注意，这并不意味着你必须同意别人说的话。你甚至不必喜欢它。但是，你必须对他为了说出来所做的努力表示赞赏。

框定你所预见的 E 后将要面临的挑战，也是一种有用的做法。提醒人们整个团队所面临的困难——比如，可以谈谈工作的不确定性、挑战性或相互依赖性——有助于描绘现实情况，从而强调一点：没有人能够解决所有问题。这便降低了直言不讳的门槛。它提醒人们，他们的意见是受欢迎的——这是必须的。

最后，我想提出一些简单的、非同寻常的、强有力的表达，任何人都可以说这些话，从而增强工作场所的心理安全：

- 我不知道。
- 我需要帮助。
- 我犯了一个错误。
- 对不起。

每一句都是示弱的表达。乐于承认你是一个会犯错的人，也就是给了他人犯错的许可。摘下你的面具，也就是在帮助他人摘下面具。当然，这意味着即使你可能还没有感受到充分的心理安全，你也要表现得好像已经如此。有时，你必须承担人际风险，才能降低人际风险。

即使你不是领导，表现出兴趣和有时间倾听的话语对于塑造氛围同样有着重要影响。例如，我们大多数人在很多情况下都会说出这样的话：

- 有什么可以帮忙的吗？
- 你遇到什么事情了吗？
- 你有什么顾虑？

这一刻，我们所有人面临的挑战在于，记得示弱，表现出兴趣和有时间倾听。为此，你不得不承担小小的人际风险，即你的尝试可能会被忽略，或者更糟，被拒绝。但是根据我的经验，这种可能性很小。假设你的组织表现出适度的善意，那么在很多时候，你的同事会对示弱和感兴趣的真实表达做出很好的回应。所以，试试吧。停下来，看看四周。你可以邀请谁进入学习和为共同的目标努力的安全区？看看会发生什么情况。

这里，我想明确的是，不一定非要是老板才能做领导者。创造和培育所有人都需要把工作做到最好的文化是领导者的职责。因此，只要你在这一过程中发挥作用，就是在发挥领导力。

心理安全与多样性、包容性和归属感之间有什么关系？

这是一个越来越普遍的问题，它本身差不多就是答案。首先我要说的是，一个真正具有包容性和归属感的工作场所必然是一个心理安全的工作场所。现在，大家都知道，通过有意的招聘活动就能创造多样性，但包容性并不会自动随之而来。首先，所有聘用人员可能会发现自己没有参与重要决策和讨论。更深入地讲，多样性的员工队伍并不能保证每个人都有归属感。例如，当组织高层中没有人与你有相似之处时，你会更加难以找到归属感。

这三个词中的每一个都代表一个实现的目标，既有相对客观的目标（员工多样性），也有高度主观的目标（我属于这里吗？）。有了心理安全，就更容易听到各种各样的观点，包容性才更有可能发挥良好作用。但是，如果一个人不能在心理上感到安全，就很难找到归属感。目标达成越具有主观性，心理安全也就越有价值。没有不同群体的人提出各种意见，就无法知道你是否即将达成目标。

我研究心理安全已 20 年有余，但直到最近有人问起，我才考虑到它与工作中的多样性、包容性和归属感的关系。面对各种时事要闻和其他社会因素，立志于追求卓越的组织已将工作中的多样性问题作为重中之重，在这样的情况下，我开始考虑心理安全发挥的及可以发挥的核心作用。无畏的组织通过增强包容性和归属感，能够实现多样性的好处。最近的骚扰指控浪潮就突出了无法给女性创造心理安全的工作场所需要付出的代价。

同时，单纯关注心理安全不是建立多样性、包容性和归属感的通用策略。这三个相互关联的目标必须齐头并进。卓越的组织将继续吸引、聘用并保持多样性的员工队伍，因为领导者明白，好的想法总是出自其中；而有才华的求职者也将其吸引，然后进入这些组织工作。这些领导者还认识到，为了实现多样性，只在招聘上下功夫是远远不够的。他们还必须关注员工是否可以在工作中充分展现自我——他们是否可以完全归属于组织内部的社区。总之，关注多样性的领导者也必须关注心理安全。正如第2章所讨论的那样，有了这项要素，才可以充分利用多样性。

心理安全与举报行为有关吗？

举报人是通过与外部权威机构或媒体联系来揭露所发现的不当行为（通常是已经尝试改变这种行为，最终却以失败告终）的组织内部人员。举报人举报的活动可能是非法或不道德的——涉及欺诈腐败、公共安全或国家安全风险——他们承担着被指控者报复的风险。他们是勇敢的。但是，举报并不是具有心理安全的反映，而是缺乏心理安全的暗示。在心理安全的公司中,员工能够提出自己的疑虑,公司会倾听并考虑员工的疑虑,所以不需要举报。

在健康的组织文化中,坦诚倾听并重,进而增强专业精神和诚信标准。当人们提出疑虑时,可以及时调整。当然,有可能是员工无法完全发现内部讨论问题的可能性,而贸然举报。甚至在本来支持内部学习的环境中也可能发生这样的情况。但是,总的来说,在心理安全的氛围中,员工的第一本能反应不是走出组织举报自己察觉到的不当行为。

营造一个鼓励畅所欲言的内部环境,而不是让人们觉得自己除了向组织外部求助别无选择,这符合任何组织的最佳利益。最好是对可能存在问题的早期信号做出回应,通过有意义的调整来解决问题,而不是等到最后让不当行为或伤害公之于众。为使这一过程更加简单易行,监察者可以在组织内部为表达意见创造一种旨在保证安全的特定环境。监察者还可以在组织中发起做出必要改变的流程,为提出道德和安全问题的人员保密并给予支持,通过真正的改进措施减轻人们的担忧。

那些居高临下、傲慢自大的独裁者不听任何人的意见,有时还会把人逼哭,但由他们经营的公司取得了成功,这又当怎么理解呢?

人们问过我这个问题很多次,多得我都数不清了。它是由退后一步思考的聪明人提出来的："等等！如果心理安全在不确定的世界中能够促进卓越发展，那怎么不举一些反例，也就是那些看起来非常缺乏心理安全但非常成功的公司的事例？"

我想分两个部分回答这个重要的问题。首先，我们要记住因变量抽样会出现错误，这是研究存在的典型误差。换句话说，实际上，这里所说的成功既可能是因为领导者的傲慢自大和居高临下的行事方法；相反，也可能是因为其他因素：好的时机、市场真空、非凡的理念，甚至仅仅是运气。

其次，无法随时获得相反事实的数据。换句话说，如果成功的公司更好地做到人尽其才、才尽其用，会发生什么，我们不得而知。但我们发现存在这样的情况：在某个时间段，心理安全水平很低，但公司业绩很好。第一个变量或许能够用来解释第二个变量，也或许不能。有可能一个公司即使有更多的人觉得能够说出自己的想法，但它还是失败了，也有可能（也许是很有可能）公司的上升空间比之前的更大。后来，该公司的成功可能终将被证明只是短暂的成功，这是因为如果没有人听到或注意到成功配方在不断变化的市场中出现效力衰减的早期信号，它可能无法做出必要的改变。更不用说，聪明能干的人有想法却没人倾听，可能会离开，另谋高就。

最后，那些激励有思想的人提出这个问题的公司其实是稀世之才掌舵案例之中的一种，这样的天才确实能够解答所有问题。这时，史蒂夫·乔布斯（Steve Jobs）会出现在我们脑海中。如果你觉得自己属于这一类人——一个可以根据市场需求进行完美调整的稀世之才，你或许可以明确吩咐别人需要做什么工作，别人只要执行即可。如果是这样，你尽管大干一场。你可以不再征求或倾听下属的意见。毕竟，有人说亨利·福特（Henry Ford）曾抱怨:"我雇的明明是两只手，怎么却来了一个人?"[22]但是对于我们而言，我不建议这样做。如今，很少有企业领导者敢浪费公司现有的智力资源。至少，我们大多数人都需要一个诚实的参谋。更好的是，我们需要人们将自己的想法付诸实践，帮助我们制造更好的产品，建立更好的组织。

求助! 我的同事正在工作中充分展现自我，快把我逼疯了!

我认为，大多数人都对这个问题感同身受。也许，我们希望工作中有些人少一点心理安全，这样他们就会停止表达自己的想法! 用少许人际恐惧来解决这种问题——确实很容易产生这种想法，但从长远来看，这并不是有效的解决方案。最重要的原因在于: 当一个同事工作低效和无助时，他需要——也应该得到——我们的反馈。心理安全并不能保证有效性，它只是帮助人们更加轻松地找到自己能够贡献些什么。有时候，这是一个意外之喜。但是，当人们觉得能够表达自己，而你发现他们的话没有增加价值时，你有责任给予帮助，为他们提供指导。即使向人们提供这种反馈没有什么乐趣，但知道有人需要这种反馈总比被蒙在鼓里好。此外，让同事知道他们产生的影响并非如他们希望的那般，这才是合理的做法。

求助！我开始在工作中展现真实的自己，但是（再也）没有一个人喜欢我！

我想，如果你正在读这本书，遇到这个问题所暗示的情况的概率是很低的，因为你可能很有思想，充满好奇，一心想创造更好的组织环境。而如果是这样，其他有志于学习的人很可能会愿意听你说的话。尽管如此，我们还是来考虑两种基本可能性。第一，你的想法并没有获得你期待的正面认可。这时，就像他人应该得到你的反馈一样，你也应该得到他人的反馈。把这看成一次学习的机会——一次弄明白你说的话或做的事为什么没有达到预期效果的机会。

第二，你了解到同事或组织的一些情况，结果表明你从事的工作不是很符合自己的价值观和目标。如果当你分享对组织的真挚关切、想法和抱负时，而其他人漠不关心、不感兴趣或贬低蔑视，那么你可能想要寻找一个工作环境，在那里同事会对你在工作中作出积极改变的付出表示赞赏。

对于那些向无法或不会改变的管理者报告的人，您有什么建议？

我首先推荐好奇心、同理心和奉献。你会发现，无论我们是不是上司，我们都要提醒自己，没有人可以真正地改变另一个人。我们不能强迫人们改变他们的思维和行事方式，哪怕我们形式上对他们负有责任，更不用说我们本就没有这种责任了。我们只能影响他们。幸运的是，任何人都可以树立上述三个要素的典范，从而影响他人。首先是好奇心，它引导我们提问。当我们提出真正的问题时，人们会觉得自己很重要（无论是上司、同事，还是下属），尤其是当我们认真倾听他们的答案并做出回应时。（与此同时，我们可能会学到一些东西，这也有所帮助）同理心是一种自我约束——想象并铭记每个人都会遇到阻碍。每个人都会遇到一些或大或小的让人沮丧或辗转反侧的难题。越了解他人所面对的难题，你就越会根据工作需要，自发地做一些有助于建立紧密良好的工作关系的事情。最后，承诺很重要。如果你表现出对实现组织目标的全情投入，会很有感染力。当人们（尤其是管理者）相信你真的很在乎这项工作时，他们也会为你分忧。

下面这句评论体现了人们经常问的一个相关问题，"上头的人不这样做，所以，我被困住了"。我对此深有同感。我的回应是，首先让人们明白这种经历是广泛存在的，我也承认这很令人沮丧。然后，我想继续指出，人们往往会自然而然地向上看——朝着层级结构中上级管理者的方向看。我们必须训练自己向下看、向外看。如前所述，我们每个人都可以通过细枝末节来营造自己工作的氛围。无论你上头的人在做些什么，在你的团队中创造卓越、坦诚和学习的氛围都是值得的。这可能很有感染力！顺便说一句，让我感到震惊的是，很多次，表达这种担忧的人差不多都来自大公司的最高层。他们是一家全球公司高层的前200名管理者，但他们的自然倾向还是向上看，为自己的无能为力叹息。因此，我也委婉地提醒他们，相较于他们上头的人，有更多的人在向上看，向他们看，并指出他们才是问题所在。

谁都可以学习成为构建心理安全空间的成功领导者吗？

在我看来，是这样的，大多数人都可以学习。这包括学习更好地理解一个人的思维和行为对他人产生的积极影响和消极影响。大多数人都希望对他人产生积极而不是消极的影响，而通过培训和指导，大多数人可以了解如何做到这一点。帮助某些人会有更大的难度吗？当然。在自恋、边缘型人格、情商低和其他缺陷的影响下，有些人更难以表现出具有心理安全感，而在某些情况下，更是不可能实现。尽管如此，一个人是否能够做出改变，提高自身效率，一开始对此保持开放的心态并不会产生什么不利影响。保持这样的开放心态，你可能会获胜，即使输了，可能也损失不了什么。

跨文化差异呢？中国有可能创造心理安全空间吗？日本呢？【此处填写国家/地区】呢？

许多人认为，在有些国家/地区，期望员工在工作中敞开心扉说真心话是不现实的。确实，研究表明，"权力距离"——社会对权力在地位高和地位低的人之间分配不平等的接受程度——越大的国家，工作场所的心理安全水平越低。[23]例如，人们认为，想要促进坦诚或错误报告，这在日本就是做蠢事。当然，这种无可挑剔的逻辑撞上了实实在在的丰田生产方式——持续改进和完美执行的方法，鼓励公司上下各层级的每名员工持续积极、欣然地指出错误！这是典型的日本文化吗？不是的。它深深植根于丰田文化吗？是的。

换句话说，这是可以做到的。

当然，创造丰田这样的文化并非易事。但是，如果你的组织以追求卓越和持续改进为目标，这就是值得的。权力差距上的文化差异确实意味着，在有些国家构建心理安全空间的工作比其他国家困难。但这并不会减少这种工作的必要性。如果组织从事的工作涉及不确定性、相互依赖性或高风险，成功与否，则取决于心理安全的水平。如果没有人愿意说出问题和错误，质量就无法提高。如果不愿意寻求帮助，员工表现将不如预期。如果没有人愿意对决策提出质疑，组织就将面临遭遇大大小小的可预防的失败的巨大风险。所以，卷起袖子，你有工作要做了！可能需要与文化力量相对抗，但这是可以做到的。令人欣慰的是，如果做得好，在心理安全平均水平较低的竞技场上，你的努力能够成为强大的竞争优势资源。

以上问题揭示了什么？

临近结尾，我想说，我时常被人们对于创建心理安全的组织的渴望所打动。也许我们已经很自然地习惯了与我们所了解的恶魔——自我保护在不经意间悄悄地将隐于表面之下的创造力、学习或归属感排挤在外的组织——共处。但我们不了解的恶魔——与众不同的组织，在这样的组织中，人们可以做自己、表达自己，直面更大的冲突和挑战，同时能获得更大的满足感——正在一旁静候。

逆风而上

如果你准备着手在组织中构建心理安全空间，那就有点像扬帆起航，踏上了一段充满各种已知和未知的旅途。在帆船上，面对潮汐和风的变化，船长和船员必须做好沟通和配合，才不会偏离航线。你和同事也要做到这样。帆船这个比喻很恰当，因为帆船不可能直接驶向上风浮标（帆船赛中几乎总是设为第一个目的地）。帆船要与目标点成 45°角前进，慢慢靠近，再"抢风调向"——转到另一侧以 45°角前进。就这样，帆船按"之"字形逆风行驶，途中经过几次大幅度（抢风调向）和小幅度（风帆调整）绕标航行，最终抵达目的地。

你会坦言新生儿对肺部疾病预防药物的需求，对在制动画片中设置的不明显剧情转折发表评论，建议铲车的净空高度，或倡议保障南非大型矿山的员工人身安全。向左转向，接着顺风航行。你的上司太忙而没时间倾听，不给出回应，告诉你这样做不行，不让你晋升。风不再吹动你的船帆。如果你恰好是某矿山的 CEO，你可以关停矿山来表达自己的观点。或问一个出于真正的好奇心的简单问题。向右转向。询问护士是否一切如她希望的那般正常。向矿工保证，谈论安全问题不会危及他们的工作。承认你不知道，坦承失败，道歉，寻求帮助，航行会很顺利，至少暂时如此。

构建心理安全空间是一个累积了大大小小的纠正、不断进步的持续过程。就像逆风航行一样，你必须先向右转，再向左转，再向右转，从来不是直接驶向自己的目的地，也永远无法预知风向何时会改变。

注释

1. Maxwell, J. *Beyond Talent Become Someone Who Gets Extraordinary Results*. Thomas Nelson, 2011. Print, pp. 184.

2. This dichotomy between seeking gains vs. avoiding losses has been called many things in different circles. In business, we talk about managers or companies "playing to win" vs. "playing not to lose." Similarly, Daniel Kahneman and Amos Tversky spearheaded the field of behavioral economics partly through their research on "loss aversion," the idea that the pain of a loss outweighs the pleasure of an equivalent gain. 210 Creating a Fearless Organization In psychology, Columbia University Professor E. Tory Higgins distinguished between individuals with a "promotion focus" vs. those with a "prevention focus" in describing what motivated people to make certain decisions or take certain actions. And Stanford educational psychologist Carol Dweck has written extensively about students with "fixed mindsets," who believe they must avoid looking dumb, vs. those with "growth mindsets," who are motivated by learning and improvement. Whatever one calls this dynamic, the verdict is clear sustainable individual, team, and organizational performance come from seeking to gain, not through fear of loss.

3. See Wilson, L. & Wilson, H. *Play To Win*! *Choosing Growth Over Fear in Work and Life*. Revised ed., Bard Press, 2013. Print., for a truly useful guide to making the mindset shift this entails.

4. Vuori, T. & Huy. Q. "How Nokia Embraced the Emotional Side of Strategy." *Harvard Business Review*. May 23, 2018. https//hbr.org/2018/05/how−nokia−embraced−the−emotional−side−of−strategy Accessed June 14, 2013.

5. *Ibid*.

6. Deming, W. E. *Out of the Crisis*. Cambridge, MA Massachusetts Institute of Technology, Center for Advanced Engineering Study, 1986. Print.

7. Interested readers can find the case study here Bohmer, R. J., Edmondson,

A. C., & Roberto, M. A. *Columbia's* Final Mission (Multimedia Case). Case Study. HBS No. 305 − 032. Boston, MA Harvard Business School Publishing, 2005.

8. Vaughan, D. *The Challenger Launch Decision Risky Technology, Culture, and Deviance at NASA*. Chicago, Illinois University of Chicago Press, 1996. Print.

9. Seehttps//nasapeople. nasa. gov/awards/eligibility. html Accessed June 14, 2018.

10. The case study that was taught, as well as several other NASA case studies, can be found herehttps//www.nasa.gov/content/goddard-ockocase-studies. Accessed June 1, 2018.

11. Frei described her experience at Uber in the following podcast Harvard Business School. "Fixing the Culture at Uber." *HBS After Hours*. April 2, 2018. http//hbsafterhours. com/ep - 6 - fixing - the - culture - atuber. Accessed June 1, 2018.

12. *Ibid. What's Next* 211.

13. Kohlatkar, S. "At Uber, a New CEO Shifts Gears." *The New Yorker.* April 9, 2018. https//www.newyorker.com/magazine/2018/04/09/at-uber-a-new-ceo-shifts-gearsAccessed June 14, 2018.

14. *Ibid.*

15. *Ibid.*

16. *HBS After Hours*, April 2, 2018, op cit.

17. Kohlatkar, S. April 9, 2018, op cit.

18. "TIME's UP Legal Defense Fund." *NWLC*. https//nwlc.org/timesup-legal-defense-fund/Accessed June 14, 2018.

19. One of the best sources I know is Schwarz, R. *The Skilled Facilitator A Comprehensive Resource for Consultants, Facilitators, Managers, Trainers, and Coaches*. 2nd ed., San Francisco Jossey-Bass, 2002. Print.

20. Edmondson, A. C. & Smith, D. M. "Too hot to handle How to manage relationship conflict." *California Management Review* 49. 1 (2006) 6–31.

21. Edmondson, A. C. "The local and variegated nature of learning in organizations."

*Organization Science*13. 2 (2002) 128–146.

22. Herrero, L. "The Last Thing I Need Is Creativity." *Leandro Herrero*. A-

pril 14, 2014. https//leandroherrero. com/the − last − thing − i − need − iscreativi-ty/Accessed June 14, 2018.

23. For early research on power distance, see Hofstede G. *Culture's Conse-quences International Differences in Work−related Values*. Beverly Hills, CA Sage, 1999. Print. For studies that have found differences in psychological safety between high vs. low power distance groups, see:

· Anicich, E. M., Swaab, R. I., & Galinsky, A. D. " Hierarchical Cultural Values Predict Success and Mortality in High − Stakes Teams." *Proceedings of the National Academy of Sciences*112. 5 (2015) 1338−43.

· Hu, J., Erdogan, B., Jiang, K., Bauer, T. N., & Liu, S. "Leader Humility and Team Creativity The Role of Team Information Sharing, Psychological Safety, and Power Distance." *Journal of Applied Psychology* 103. 3 (2017) 313−23.

附录　用以说明心理安全可靠性的调查方法的差异分析

来源	调查项目	克朗巴哈系数
Garvin, Edmondson, &Gino (2008)[1]	1. 在该部门，很容易说出你的想法。 2. 如果你在该部门犯了错，通常对你很不利。（相反） 3. 该部门的人通常都乐于谈论问题和分歧。 4. 该部门的人们渴望分享不奏效的和奏效的信息。 5. 守好自己的底牌是在该部门取得成功的最好方法。（相反）	.94
Tucker, Nembhard, & Edmondson, 《管理科学》（2007 年）[2]	1. 在该部门，如果人们对正确的做事方法有疑问，很乐于互相检查。 2. 我们部门的人看重他人的独特技能和才能。 3. 新生儿重症监护病房的成员能够提出问题和棘手的问题。	.74
Nembhard & Edmondson (2006)[3]	1. 在该部门，如果人们对正确的做事方法有疑问，很乐于互相检查。 2. 新生儿重症监护病房的成员能够提出问题和棘手的问题。 3. 如果你在该部门犯了错，通常对你很不利。 4. 在该部门，很容易向其他成员寻求帮助。	.73

来源	调查项目	克朗巴哈系数
Edmondson (1999)[4]	1. 如果你在该小组犯了错，通常对你很不利。（相反） 2. 该小组的成员能够提出问题和棘手的问题。 3. 该小组的成员有时会拒绝他人，以表现出不同。（相反） 4. 在该小组，冒险是安全的。 5. 在该小组，很难向其他成员寻求帮助。（相反） 6. 在该小组，没有人会故意妨碍我工作。 7. 和该小组成员一起工作，我的技能和才能得到了重视和利用。	.82

注释

1. Garvin, D. Edmondson, A., & Gino, F. "Is yours a learning organization" *Harvard Business Review* (March 2008) 109-116.

2. Tucker, A. L., Nembhard, I. M., & Edmondson, A. C. "Implementing new practices An empirical study of organizational learning in hospital intensive care units." *Management Science* 53. 6 (2007) 894-907.

3. Nembhard, I. M. & Edmondson A. C. "Making it safe The effects of leader inclusiveness and professional status on psychological safety and improvement efforts in health care teams." *Journal of Organizational Behavior* 27. 7 (2006) 941-966.

4. Edmondson, A. C. "Psychological Safety and Learning Behavior in Work Teams." *Administrative Science Quarterly* 44. 2 (1999) 350-83.

致　谢

自从偶然发现心理安全这一现象以来，我已从事此项研究达 25 年之久，其间，我得到了很多人的帮助。首先是经理、护士、医生、工程师、一线同事、CEO 和其他员工，他们来自向大学研究者敞开大门的各个组织。感谢他们愿意接受采访和研究；他们慷慨地抽出时间，分享自己的见解，让本书总结的研究工作成为可能。我还要感谢哈佛商学院研究部为这项研究提供的慷慨资助。近年来，数十位新老研究人员开始注意到"心理安全"的概念，并将之纳入研究范围，为该课题越来越多的相关文献增添了宝贵的新发现；他们创新、严谨的多元化研究为心理安全对全球组织追求卓越至关重要的论点提供了很大支持。对此，我倍感欣慰。

我还要特别感谢 Wiley 出版社的珍妮·雷（Jeanenne Ray）对我的工作充满信心，并在我超过原定截止日期之时仍耐心以待。帕特里克·希利（Patrick Healy）为我的研究提供了非常宝贵的帮助，使我给读者提供的证据更有质量、更有深度。特别是，他查阅了学术界和从业者关于心理安全空间的著述，仔细阅读数百篇文章并一一做注。他选定的多项案例研究对本书呈现的这些想法很有帮助。他对本课题的建议、校订和热情确实有助于提升本书的质量。他还管理着各种参考材料、许可权和这样的项目涉及的各种琐事，他娴熟、准确且很愉快地帮忙做着这样吃力不讨好的任务。在写作过程中，三位才华横溢的朋友——罗杰·马丁（Roger Martin）、苏珊·索尔特·雷诺兹（Susan Salter Reynolds）和保罗·瓦丁（Paul Verdin）——在不同时期给我提供了很有见地的反馈意见，让我能够做出关键性的改进。莎拉·尼科尔森（Sara Nicholson）以她一贯的卓越能力为本书的校对提供了必不可少的帮助。

在为本书最终成形做出贡献的众多支持者中，凯伦·普洛普（Karen Propp）是最重要的一个人。能够与她一起完成这个项目，我满怀感激。如果没有她这位作家兼编辑的敏锐问题、见解、想法、故事和熟练技巧，本书将永远无法完成。我想，可以说，我、凯伦和帕特里克合作得很愉快——查找能够写入终稿的案例和想法，当然，也有没有写入终稿的案例和想法。希望大家觉得我们的选择能够很好地体现出心理安全空间对于工作中的学习行为和满足感至关重要的情境的丰富性和多样性。

最后，在我投入越来越多的时间从事工作和写作时，我丈夫乔治·戴利（George Daley）包容着我。他的爱和信任支撑着我，让我能够把每分每秒的业余时间投入到本书的写作当中。在过去的 25 年中，他一路相伴，从未对我或我的工作失去信心。当我花时间研究改变世界的领导者时，乔治就是其中一员——他在两年前接受挑战，成为一个重要组织的领导者。他很谦虚地说我的想法帮助他获得了成功，这让我更加相信自己的想法也可以帮助其他人。本书谨献给他。

作者简介

艾米·C.埃德蒙森

30年前，艾米·C.埃德蒙森在即将从哈佛大学毕业时，鼓起勇气给她崇拜的英雄写了一封信，征求就业建议。令她惊喜的是，巴克敏斯特·富勒（Buckminster Fuller）给她回信了。大约一周后，他给她回信了，信中提供的远不止建议。这位传奇的未来派发明家、建筑师还给了她一份工作。在接下来的三年中，她一直担任富勒的"首席工程师"，其间，她对领导者和组织怎么做才能创造更美好的世界产生了浓厚而持久的兴趣。今天，埃德蒙森教授作为哈佛商学院诺华公司领导力与管理学教授，一直在研究希望通过在各种组织中所做的工作来改变世界的领导者。本书的研究体现了贯穿着她学术生涯的中心线——创造让人们可以合作并尽心尽力做好本职工作的环境。

自1996年以来，埃德蒙森一直在哈佛大学任教，讲授领导力、团队合作、决策和组织学习课程。她在《哈佛商业评论》、《加州管理评论》以及《管理科学季刊》和《美国管理学学会期刊》等学术期刊上发表 70 多篇论文。在从事学术研究之前，她曾担任 Pecos River Learning Centers 的研究主任，在那里，她与 CEO 拉里·威尔逊（Larry Wilson）合作设计变革计划并在大公司实施。在此任职期间，她有了一种热忱——研究领导者如何将组织建立成人们可以创新、学习和成长的场所。埃德蒙森以前的几部著作——《协同：在知识经济中组织如何学习、创新与竞争》（2012 年），《组队创新》（2013 年）、《构建未来：大型团队合作带来的大胆创新》（2016）和《极限组团》（2017 年）——探索的是动态环境中团队合作的挑战和机遇。她的第一本书《富勒式解释：理查德·巴克敏斯特·富勒的协同几何学》（1986 年），为非专业读者阐释了富勒在数学方面的贡献。

埃德蒙森因在管理研究领域做出的贡献获得了 2018 年 Sumantra Ghoshal 管理研究严谨性和相关性奖，2017 年 "Thinkers50 人才奖"，因在管理实践领域做出的重大贡献荣膺 2004 年埃森哲奖，2006 年因职业中期的出色表现获得管理学院的卡明斯奖。自 2011 年以来，她被评为管理界最具影响力的思想家之一，登上了每两年评选一次的 Thinkers50 榜单（2017 年位列第 13 名）。《人力资源杂志》将她评为 20 位最具影响力的国际人力资源思想家之一。埃德蒙森拥有哈佛大学组织行为学博士、心理学硕士学位以及工程与设计学学士学位。她与丈夫乔治·戴利和两个儿子生活在马萨诸塞州剑桥市。